사주명리로

스물일곱 가지 심리를 그리다

사주명리로

스물일곱 가지
심리를 그리다

김형일 글 · 그림

사주명리에 담겨있는 마음을 그림에 담다

생각나눔

|차 례|

제1부 | 자연의 부호

제2부 | 하늘의 성질

제3부 | 땅의 기호

제4부 | 사주의 마음을 그리다

제5부 | 일련의 부호들

들어가면서

'명리(命理)를 그림으로 묘사하다'

사주명리학(四柱命理學)은 무엇인가?

고대부터 선학들은 인간의 운명에 대하여 경험과 관찰을 통해 실증적 연구를 했다. 그 결과 개인의 타고난 기질을 근거로 길흉의 시기를 예측하였다. 사람마다 정해진 듯한 운명이 궁금했던 나는 역사와 이론을 탐구하며 이러한 속성을 가진 명리학에 관심을 두게 되었다.

명리학을 연구한 지 오랜 세월이 흘렀다.

나를 잘 아는 지인들은 "명리학은 무엇이냐?"며 한결같이 어렵다고 한다. 사실 일반인들도 이를 알지만, 정확히 아는 사람은 드물다. 그래서 부정적으로 보는 시각이 큰 것은 아닌가 싶다.

그 이후 나는 '쉽게 이해한다.'라는 것에 다시 집중하기 시작했다.

연구를 위해 상담 일정을 취소하고 수년간 보관하던 자료를 꺼내어 유사한 운명을 분류하였다. 그리고 일정한 패턴의 음양과 오행을 도식화하였다. 이를 바탕으로 그림을 그렸다. 누군가에게 필시 큰 도움이 될 것이라 확신하면서 말이다.

그날도 어김없이 사주를 감명하여 그림으로 옮기던 중이었다.

"묵선 선생님, 안녕하세요?"

그녀는 나의 「이름과 운명」이란 칼럼을 읽고 찾아온 오랜 독자였다.

그녀는 중학교를 진학하면서 부모와 헤어졌다. 고등학교 때 성적은 상위권이었으나, 가정 형편이 어려워 진학의 꿈을 포기하고, 졸업과 동시에 공사에 취업했으며 바로 결혼하여 한 명의 자녀를 얻었다.

남편과의 관계는 암울했다. 남편은 폭력을 자주 행사하였고, 곧 이혼 소송으로 불길이 번졌다. 그녀는 남편과 얽혔던 지난 일들을 토로하면서 주먹을 꽉 쥐었다. 그녀의 얼굴이 붉었다. 나는 그녀의 생년월일시를 두고 천천히 운명을 그림으로 표현하였다.

"그림을 그리시는 건가요?"

나는 조용히 미소 지었다. 붓은 종이 위로 유려하게 미끄러졌다.

"선생의 사주자화상입니다."

한참 그림을 바라보던 그녀가 눈을 크게 떴다.

"사주가 그림으로도 나오나요?"

나는 고개를 끄덕였다.

"어머 신기해요."

마주 앉은 채 이런저런 이야기를 나누고 그녀는 저녁 무렵 돌아갔다.

며칠 뒤 그녀로부터 전화가 걸려왔다.

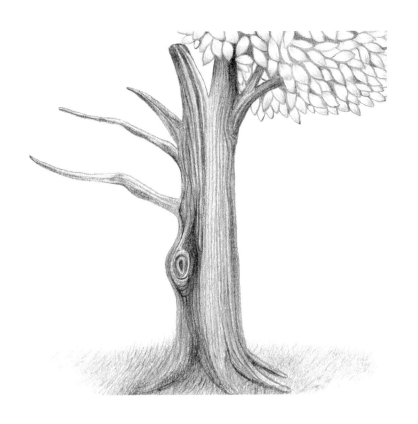

그녀의 오른편 풍성한 사회성 나뭇가지와는 정반대로 왼편 부부 자리의
나뭇가지는 잘려나간 형국이다.

『폭력의 결말, 이혼』 중에서. p. 119

"신기하지 뭐예요. 그려주신 자화상을 자꾸 보게 되네요. 꼭 저를 들여다보는 것 같아요."

그녀와의 만남 이후 나는 내게 찾아온 내담자들의 사주를 그림으로 그려주기 시작했다. 그들 대부분이 그녀처럼 자화상을 마음에 들어 했고, 몇몇은 자꾸 눈이 가는 통에 액자에 보관하기까지 한다고 말했다.

자신을 구체적으로 만지는 느낌이랄까? 말로 풀어가는 사주를 그림으로 표현하니 또 다른 세계가 보이는 듯했다. 여기에 내담자 심리를 융합하여 표현하면 누구든 명리학을 쉽게 이해할 수 있으리라 생각했다.

사실 그림은 비언어적 수단으로서 형상화 과정을 통하여 자신의 감정과 모습을 구체적으로 통찰하는 효과가 있다.

이처럼 자신의 운명을 그린 그림을 반복적으로 감상함으로써 심리적 안정 등 통합적으로 도움이 된다고 보았다.

본격적으로 연구에 집중하다 보니 어느덧 두 해가 스쳐 가고 있었다. 나는 미술, 심리, 동양철학을 전공한 사람으로 이를 분리하지 않고 세 가지를 통합하여 독자에게 하나의 메시지로 전달하려고 노력했다.

또한, 특정인들의 삶보다 일반인 27가지 인생의 애환을 담아 글과 그림으로 표현하였다.

책을 집필하면서 특별히 감사해야 할 분들이 있다. 정종호, 김일환, 이효범, 신규탁, 박영창, 임호찬, 우주영 교수님께 이 기회를 빌려 감사드린다. 그리고 기해년 5월에 작고한 서곡 정대붕 선생과 함께 수학한 송지성, 이시송, 이해경 박사에게 감사를 드린다. 또한 안려원, 장은정,

최순복, 최서연, 최은애, 박상금, 김나연, 황성민, 박순복, 박원희, 박정연, 이유진 선생의 변함없는 성원에 감사를 드린다.

무엇보다 이 책을 만들 수 있도록 인내를 가지고 조용히 응원을 보낸 아내와 여러 차례 토론과 방향을 제시한 형제자매와 자녀 등 가족에게 감사의 마음을 전한다. 그리고 여러 친구의 열렬한 격려와 도움을 받았다. 이에 감사한다. 또한, 언론사 칼럼부터 책의 집필까지 지속해서 도움을 준 최정이 선생에게 고마움을 느낀다.

마지막으로 지난 몇 년 동안 필자와 함께 믿음과 신뢰를 갖고 적극적으로 집필에 참여해 주신 내담자 여러분께 다시 한 번 고개 숙여 진심으로 감사의 마음을 전하고 싶다.

오늘은 5월 5일 여름이 시작된다는 입하(立夏) 절기이다. 초여름 자연의 향기를 느끼며 『스물일곱 가지 심리를 그리다』의 원고를 마무리 지었다.

2021년 5월 초

묵선 김형일

＊ 읽는 데 도움되는 용어들

간지(干支): 천간과 지지를 줄인 말

개운(開運): 나쁜 운을 좋게 한다는 대처 방법

격(格): 일정한 패턴을 말하며 크게는 고전격(내격, 외격)과 용신격(用神
　　　格)으로 구분한다.

기(氣): 모든 생명체의 존재성을 만들어 주는 에너지

대운(大運): 하나의 간지가 10년 단위로 들어오는 운

명리(命理): 운명의 이치, 명리학을 줄인 말

물상(物像): 음양오행의 모양과 형태를 갖고 운명을 추리

사주팔자: 네 기둥의 여덟 글자, 연주·월주·일주·시주

상생(相生): 음양오행이 상호 조화를 이룸

　　　　　　木生火, 火生土, 土生金, 金生水, 水生木

성별: 남자는 남명·건명(乾命), 여자는 여명·곤명(坤命)

세운(世運): 하나의 간지가 1년 단위로 들어오는 운

신살(神殺): 좋고 나쁨의 기준을 묶어놓은 것

십신(十神, 십성 十星): 간지의 음양오행 상생·상극 관계

　　　　　　　　비견, 겁재, 식신, 상관, 편재, 정재, 편관, 정관,
　　　　　　　　편인, 정인

12운성(運星): 지지로 일생의 12가지 흐름을 대입한 것

절·태·양·장생·목욕·관대·건록·제왕·쇠·병·사·묘

오행(五行): 5가지 성분, 목·화·토·금·수(木火土金水)

용신(用神): 사용한다는 뜻으로 일간을 생조(生助)하는 글자

월지(月支): 월주의 지지, 태어난 계절을 대표하는 지지

음양(陰陽): 자연 만물의 상반된 두 가지 성질

일간(日干): 태어난 날(日)의 천간, 일원 또는 본원

절기(節氣): 1년 4계절 12절기 12중기를 묶어서 24절기라고 말함

중화(中和): 음양오행(陰陽五行)의 균형을 맞춤

지장간(地支藏干): 한 개의 지지마다 숨겨놓은 2~3개의 천간

지지(地支): 땅의 12가지 부호(12지지)

자·축·인·묘·진·사·오·미·신·유·술·해

천간(天干): 하늘의 10가지 성질(10천간)

갑·을·병·정·무·기·경·신·임·계

통변(通辯): 음양오행(陰陽五行)의 생극제화 변화와 이치를 논리적으로

해석하는 말

합·충(合沖): 간지(干支)가 서로 합하고 충돌하는 이론

희신(喜神): 용신을 도와주고 보조하는 간지

제1부 • 자연의 부호

1. 명리(命理)를 그리다

사주(四柱)는 왜 보는 걸까?

간혹 호기심에 찾아오지만 대부분 연애, 결혼, 이혼, 사업, 승진 등 인생의 중대한 결정을 앞두고 도움을 얻고자 방문한다. 그럼 상담가는 생년월일시 여덟 글자를 기준으로 길흉화복을 해석하여 예측하고 예단한다.

이 과정에서 흔히 내담자는 명리학에 대한 이중적 시각을 갖는다.

예를 들어 첫째로 상담가가 예측한 것을 실제로 경험하게 되면 신묘(神妙)하다고 인정하면서도, 우연의 일치라며 점(点)으로 단정 짓는다.

둘째, 상담가가 "관(官星)이 없어", "재(財星)가 많아", "올해 역마살(驛馬殺)이야", "충(沖) 들어왔어"라고 설명하면 내담자는 마치 암호를 해독하는 것처럼 보인다며 생소한 용어에 이해보다는 거부감을 느낀다.

사실 내담자 대부분은 사주를 전문적으로 학습하거나 자주 접하지 않기 때문에 이 같은 오해와 편견을 갖는 것이 무리가 아닐 것이다. 여기에 기존 세대와 달리 90년대 이후 N세대들은 한자가 혼용된 책을 접할 때 보편적으로 거부감을 느끼고 있다.

명리학은 중국의 상(商)나라를 기원으로 당(唐)·송(宋)을 거쳐 명대(明代) 『연해자평』, 『명리정종』, 『삼명통회』, 청나라 때 『명리약언』, 『자평진전』, 『적천수천미』, 『궁통보감』 등 선학들의 고서가 전해 내려오고 있다. 그러나 후학(後學)이나 해설자가 원문과 다르게 해석하거나 과학 및 의료 산업발달 등 시대변화로 논리가 일부 맞지 않은 경우가 있다.

반면, 명리학과 무속은 인간의 운명을 예측한다는 공통점을 갖고 있다. 하지만 명리학은 생년월일시를 기준으로 수백 년간 연구되어왔고 무속은 강신(降神)¹의 과정을 거쳐 영적인 능력을 통해 인간의 운명을 알아본다는 관점에서 이 둘은 분명 다르다.

사실상 명리학은 자신의 성향을 통해 타인과 사회의 상호관계를 살펴보고 이를 대처하는데 매력이 있다.

이 책은 명리학의 일반적 개념에 대한 이해를 돕고자 집필하였으며, 그동안 게재한 칼럼과 사주감명을 소개하였다.

첫 번째 명리학이 형성하게 된 역사적 배경과 주요 이론을 소개하였으며, 두 번째 하늘의 성질인 10개의 천간 특성과 세 번째 땅의 물상인 12개의 지지 특성을 설명하였다. 네 번째 27명의 인생을 그림과 함께 설명하였다. 그리고 다섯 번째 명리학과 관련된 일련의 법칙과 부호를 나열하였다.

참고로 27가지 인생 사례는 내담자의 개인정보 보호를 위해 사주명식은 생략하고 음양오행을 중심으로 설명하였으며 삶의 특정한 운명을 그림으로 형상화하였다.

---

1) 강신: 혼령(신)을 모시기 위하여 향을 피우고 술을 잔에 따라 모사 위에 붓는, 제사의 한 절차

그리고 소제목은 사주자화상이라고 정했다. 이유는 일반적으로 특정 인물의 얼굴이나 모습을 그린 인물화를 초상화라고 말하지만, 사주 여덟 글자에 담긴 내담자의 운명을 표현하였기 '사주자화상(四柱自畵像)'이라 정했다.

2. 인생행로, 운명(運命)

"하늘 탓, 부모 탓!"

"남 탓!"

이런 '탓'은 잘 될 때보다 힘들거나 답답할 때 자신의 미흡함을 '남의 탓'으로 돌린다. 또한, 같은 조건에서 선택과 행동을 했는데 어떤 이는 되고 자신이 안 될 때 운(運) 타령한다. 과연 인간의 운명은 필연적인가? 아니면 자신의 노력으로 개척되는가?

이러한 문제에 해답을 찾기 위해 동·서양의 여러 사상과 학자는 고대부터 현재까지 자연과 인간의 관계를 탐구하였다.

동양은 유가와 도가의 자연사상과 함께 '정명론(定命論)[2]'을 갖게 되었다. 이는 자연 생태의 생극제화(生剋制化), 즉 태어나서 성장하고 쇠퇴하며 소멸하는 이치를 음양오행의 부호를 적용하여 논(論)하였고 길흉을 예측하는 술(術)로 발전되었다.

명리학 이론의 형성은 송대의 기본적 모형을 형성한 『연해자평』, 명대 『삼명통회』는 명리학을 집대성하였고, 명·청대 유백온의 『적천수』는 일간 중심의 중화를 추구하는 억부론을 제시하였다. 또한, 청대 심효천이 저

---

2) 정명론 : 중국 사상사에서 제기되는 운명론으로 자신의 의지와는 관계없이 인생의 외부에 의해 결정된다는 운명론

술한『자평진전』은 일간과 격국(용신)을 대비한 중화론, 저자 미상의『궁통보감』은 계절과 기후의 조후론 등이 연구되었다.

이처럼 수백 년 동안 대자연의 섭리를 토대로 인간의 본질과 운명에 관한 연구가 끊임없이 이어져 내려왔다.

반면, 중국 후한 시대 사상가 왕충은 자연 정명론을 제기하면서도 "자연의 이치를 통하여 길흉을 판단하지만, 간혹 다른 이유로 일치하는 때도 있다."라고 하였다. 또한, 서양의 스토아 철학도 인간은 자연에 수동적이라는 '운명주의'를 제시했지만, 무조건 자연에 순응하기보다 그 안에서 내적 자아를 모색하였다.

명리학에서의 운명(運命)은 인간이 태어나 살아가는 인생행로(人生行路)를 말한다. 여기서 명(命)은 선천적으로 태어난 생년월일시 여덟 글자로 바뀌지 않지만, 운(運)은 대운·세운·월운 등 후천적으로 변화하는 것을 의미한다.

예를 들어, 넓은 들판에 커다란 나무 한 그루가 명(命)이라면 지구의 자전(낮과 밤)과 공전(사계절, 24절기)에 의해 시시각각 변화되는 날씨가 운(運)이다. 이때 나무는 주체이고, 계절은 환경이다.

이처럼 타고난 사주 여덟 글자의 명(命)을 주체로 대운·세운 등 변화되는 운(運)에 의해 결정된다고 말하지만, 인간의 노력에 따라 그 결과는 다르다.

3. 만물을 낳는, 기(氣)

"정말 기가 막힌다."

"기가 잘 통하네."

이런 말은 신체의 장기가 순환되지 않거나 공간의 구조가 막혔을 때, 또는 대화가 안 되거나 음식이 너무 맛있을 때 표현한다. 다시 말해, 어떤 일에 놀라서 기분이 나쁘거나 반대로 말할 수 없을 만큼 좋을 때 '기(氣) 막히다.'라고 한다.

『설문해자』,「기자부(氣字部)」에 기(气)는 구름이 회전하는 모양을 본뜬 것이라고 했다. 여기서 구름은 다시 바람으로 확대하여 해석되어 형태와 양을 알 수는 없으나, 역동적으로 다른 것에 변화를 주었다.

기(氣)의 초기 개념은 자연에 초점을 두었으나, 『논어』 '혈기(血氣)'와 『맹자』 '호연지기(浩然之氣)'에서는 인간을 주체로 보았다. 이후 인간과 자연 그리고 우주로 점차 확대되었다.

중국 전한의 『류안』,「회남자」에 의하면 "우주는 아무것도 없는 상태에서 하나의 기(氣)를 낳고, 다시 가벼움과 무거움 두 개로 나뉘어 이를 태극(太極)과 음양(陰陽)이다."라고 하였다. 그리고 '태극'은 사상(四象)과 팔괘로 확장되었다. 여기에서 '음·양'은 신명(神明)을 접하여 조화를 이루며 만물을 생성하였다고 말했다.

또한, 『노자』, 「도덕경」[3]에 도(道)는 하나를 낳고, 하나는 둘을 낳고 둘은 셋을 낳고 셋은 만물을 낳는다고 하였다. 여기서 둘은 음과 양, 셋은 기를 생성하는 삼생(三生)의 원리와 자연 만물의 생성과정을 말했다.

이처럼 시대의 변화에 따라 기(氣)의 해석은 변화되었다. 특히 송대(宋代)에 들어 장재(張載)의 기일원론(氣一元論)과 주자(주희)의 이기이원론(理氣二元論)의 철학은 대립 관계를 통해 기(氣) 철학이 발전하였다.

명리학에서의 기(氣)는 양(陽)이고 질(質)은 음(陰)이다. 예를 들어 천간의 갑(甲)은 기(氣)이고, 을(乙)은 질(質)이다. 또한, 천간의 갑을(甲乙)이 양(陽)이라면 지지의 인묘(寅卯)가 음(陰)이 된다. 그래서 천간의 갑을(甲乙)은 동(動)하여 일정하지 않으며 지지의 인묘(寅卯)는 정(靜)하여 고정적이다.

사실 기(氣)의 기본개념은 자연 생태를 통해 묘사되었다. 예를 들어 태양을 중심으로 지구와 달의 자전과 공전에 의해 대지(하늘과 땅)에 다섯 가지(바람 불고 / 봄, 덥고 / 여름, 습하고 / 늦여름, 건조하고 / 가을, 춥고 / 겨울)의 기(氣)가 형성되었고, 이는 자연 만물(質)의 변화에 영향을 주었다. 이후 간지(干支)의 부호에 적용되었다.

따라서 사주를 감명할 때 기(氣)로 인하여 질(質)이 어떻게 변화하는지 자연 만물의 이치를 알아야 사주 여덟 글자의 해석과 통변(通辯)에 논리성을 갖게 된다.

---

3) 道生一, 一生二, 二生三, 三生萬物. 萬物負陰而抱陽.

4. 변화와 균형, 음양(陰陽)

음(陰)과 양(陽)은 어떻게 나뉘었는가?

이 둘은 태양의 관찰을 통해 주변 사물의 현상들을 상대적인 관점에서 대립하는 자연현상으로 보았다. 예를 들어 양(陽)은 태양의 빛을 받은 언덕으로 따뜻하고 밝으며, 반대로 음(陰)은 빛을 받지 못하여 어둡고 추운 곳을 의미한다. 또한, 이 두 성질은 기(氣)와 함께 끊임없는 분화 작용을 통하여 모든 자연 산물의 변화와 균형에 영향을 준다.

음양은 모든 자연현상의 생성과 상호 대립하는 성질을 갖고 있어 음(陰)이 자랄 때 양(陽)이 소멸하고, 양(陽)이 자랄 때 음(陰)이 소멸한다. 반대로 속성이 상반되지 않으면 함께 작용하고 호용(互用)한다.

음양(陰陽)의 대표적인 상형문자 '역(易)'을 비유하여 중국의 후한 말 위백양(魏伯陽)은 양(陽)을 상징하는 해(日), 음(陰)을 상징하는 달(月)을 합쳐진 것이라 말하였고, 그 외 『일월설』은 '해와 달', 『관측설』은 '태양과 물의 조합 등 다양한 해석을 하였다.

여기서 음양은 단순히 밝고 어두움의 관념을 벗어나 역(易)의 뜻처럼 대립과 호용으로 발전하였다. 이후 철학의 관점에서 사계절과 24절기로 확장하여 해석되었으며, 오행(五行)과 간지(干支)까지 융합하였다.

일반적으로 오행(五行)의 목과 화는 양(陽)이고, 금과 수는 음(陰)이다.

그리고 토(土)는 계절과 쓰이는 성질에 따라 나뉘었다. 양(陽)은 진토(辰土)와 술토(戌土)이고, 음(陰)은 미토(未土)와 축토(丑土)이다.

이처럼 양의 특성은 밝고 활동적이며 능동적, 적극적, 즉흥적, 생동적이다. 음은 어둡고 비활동적이며 수동적, 소극적, 계산적, 현실적이다.

즉, 음양(陰陽)의 핵심은 균형과 불균형의 조화를 살펴보는 것이다.

❋ 음양오행

음양	양 (陽)		태극	음 (陰)	
	음중양 (陰中陽)	극양지기 (極陽之氣)	중화지기 (中和之氣)	양중음 (陽中陰)	극음지기 (極陰之氣)
오행	목 (木)	화 (火)	토 (土)	금 (金)	수 (水)
천간	갑 을 (甲) (乙)	병 정 (丙) (丁)	무 기 (戊) (己)	경 신 (庚) (辛)	임 계 (壬) (癸)
지지	인 묘 (寅) (卯)	사 오 (巳) (午)	진(辰) 축(丑) 술(戌) 미(未)	신 유 (申) (酉)	해 자 (亥) (子)

5. 다섯 가지의 작용, 오행(五行)

"사주에 화(火)가 부족하니 빨간색을 가까이하세요."라는 말을 들어봤을 것이다. 과연 부족한 오행을 보완하면 운명이 바뀌는 것일까?

오행은 자연 만물을 해석할 때 필요한 원기(元氣)로서 목·화·토·금·수(木·火·土·金·水)를 말하며, 이들의 근원은 은과 상나라의 오방(방위)에서 출발하였다. 처음 표기는 중국 한 대이며, 초기 기본적인 생산 활동을 의미하였으나, 점차 상생(相生)과 상극(相克)의 철학적 관념으로 발전하였다.

이후 춘추전국시대에 음양(陰陽)과 융합하여 음양오행설의 체계를 갖추었고, 천간지지(干支)의 부호와 일간의 생극제화 관계를 통해 십신(十神, 十星)으로 확장하였다.

'오행(五行)'에서 '오(五)'는 다섯 가지의 수(數)를 의미한다. 첫째는 수(水)이며, 둘째는 화(火)이고, 셋째는 목(木), 넷째는 금(金)이다. 다섯째는 토(土)로서 숫자 1부터 5까지 수·화·목·금·토 오행을 말한다.

'행(行)'은 유행(流行), 즉 '다섯 가지의 원기가 돌아다닌다.'라고 한다. 다시 말해 오행의 기(氣)가 춘하추동(春夏秋冬) 사시(四時)에 유행(流行)하여 끊이지 않고 행(行)하는 것이다. 따라서 오행은 단독으로 변화되는 것이 아니라 기(氣)와 더불어 음양(陰陽) 그리고 간지(干支)가 상호 연결되어 작용한다. 이처럼 오행은 대자연의 변화되는 원리를 사주에 담아 인간을 탐구하는 철학과 역술로 발전하였다.

자신의 사주 여덟 글자 중에서 부족한 색을 가까이하는 것도 필요하겠지만, 이보다 부족한 오행의 성질과 이로 인한 다른 오행에 미치는 영향을 알아야 한다. 예를 들어 목오행이 없거나 부족하면 화오행은 의기소침해지고 금오행은 할 일이 없게 된다. 그리고 토오행은 제멋대로 움직인다.

※ 오행 분류

구분	목(木)	화(火)	토(土)	금(金)	수(水)
10천간	갑(甲) 을(乙)	병(丙) 정(丁)	무(戊) 기(己)	경(庚) 신(辛)	임(壬) 계(癸)
12지지	인(寅) 묘(卯)	사(巳) 오(午)	진(辰) 술(戌) 축(丑) 미(未)	신(申) 유(酉)	해(亥) 자(子)
오기(五氣)	바람(風)	무더운(暑)	습한(濕)	건조한(燥)	차가운(寒)
오방	동쪽	남쪽	중앙	서쪽	북쪽
계절	봄	여름	환절기 장하(長夏)	가을	겨울
오색	청색	빨강	노랑	흰색	검정
선천수	3·8	2·7	5·10	4·9	1·6
후천수	1·2	3·4	5·6	7·8	9·10
모양	직사각형 타원형	역삼각형	원형	정사각형	정삼각형 마름모형
성질(常)	인자(仁)	예의(禮)	믿음(信)	의리(義)	지혜(智)
생화(生化)	생성(生)	성장(長)	조화(化)	수렴(收)	잠복(藏)
상생	木生火	火生土	土生金	金生水	水生木
상극	木剋土	火剋金	土剋水	金剋木	水剋火

6. 하늘과 땅, 간지(干支)

간지(干支)는 하늘을 지배하는 천간(天干)과 땅을 지배하는 지지(地支)를 줄인 말이다. 이 둘은 양(陽)과 음(陰)의 관계이다.

갑골문 연구 자료에 따르면 중국 은나라 시대 '간(干)'은 해(日), '지(支, 枝)'는 월(月)로 해석하였다.

해(日)는 매일 뜨고 지다 보니 하루를 의미하고, 달(月)은 변화되는 과정을 계산하여, 한 달로 정했다. 실제로 음력 날짜를 살펴보면 달의 위치(항성월)와 모양(삭망월)을 알 수 있다.

천간은 10개가 있으며 음양으로 구분한다. 오양(五陽)은 갑·병·무·경·임(甲·丙·戊·庚·壬), 오음(五陰)은 을·정·기·신·계(乙·丁·己·辛·癸)로 나뉜다.

또한, 오행으로 나뉘면 갑을(甲乙)은 목(木), 병정(丙丁)은 화(火), 무기(戊己)는 토(土), 경신(庚辛)은 금(金), 임계(壬癸)는 수(水)이다.

지지는 12개가 있다. 양지(陽支)는 자·인·진·오·신·술(子·寅·辰·午·申·戌)이고, 음지(陰地)는 축·묘·사·미·유·해(丑·卯·巳·未·酉·亥)이다. 또한, 오행으로 나뉘면 인묘(寅卯)는 목(木), 사오(巳午)는 화(火), 진술축미(辰戌丑未)는 토(土), 신유(申酉)는 금(金), 해자(亥子)는 수(水)이다.

천간과 지지를 하나씩 순서대로 짝을 맺어 일(日)을 표시하여 60갑자라 하였다. 이는 간지기일법(干支紀日法)으로 추후 명리학 체계화에 근원이 되었다.

천간은 양(陽), 하늘, 기(氣), 정신으로 순수하여 체(體)와 용(用)이 같다. 그리고 지지는 음(陰), 땅, 물질(物質), 현실로서 체(體)와 용(用)이 다르다.

여기에서 중요한 것은 천간이 지지에 통근(通根, 천간에 있는 글자가 지지에 뿌리를 내림)하면 명분과 실리를 얻고 통근하지 못하면 겉만 그럴듯하고 실속이 없다. 반면 대운과 세운에 통근하면 일시적으로 얻을 수 있다.

그리고 지지에 감춰진 지장간(地藏干, 지지에 감춰진 마음, 환경, 직업 등)이 형·충·합을 통해 개고(開庫)하여 투간(透干, 지지 또는 지장간에 있는 글자가 천간에도 있을 때)되면 뜻하지 않은 결과를 얻는다.

※ 천간 음양오행표

오행	목		화		토		금		수	
천간	갑(甲)	을(乙)	병(丙)	정(丁)	무(戊)	기(己)	경(庚)	신(辛)	임(壬)	계(癸)
음양	양	음	양	음	양	음	양	음	양	음

※ 지지 음양오행표

오행	수	토	목		토	화		토	금		토	수
지지	자(子)	축(丑)	인(寅)	묘(卯)	진(辰)	사(巳)	오(午)	미(未)	신(申)	유(酉)	술(戌)	해(亥)
동물	쥐	소	범	토끼	용	뱀	말	양	원숭이	닭	개	돼지
음양	양	음	양	음	양	음	양	음	양	음	양	음

※ 사주를 감명할 때 자(子)·오(午)는 음오행, 사(巳)·해(亥)는 양오행으로 적용한다.

7. 명(命)의 바코드, 사주팔자

사주팔자는 태어난 생년월일시(生年月日時)의 연주(태어난 해의 간지)·월주(태어난 달의 간지)·일주(태어난 날의 간지)·시주(태어난 시간의 간지)의 네 기둥, 각각 두 글자씩 여덟 글자를 말한다.

이를 사주원국(四柱原局) 또는 사주명식(四柱命式)이라 부르며 여덟 글자 중에서 일간(일원=본원)을 주체(자신)로 본다.

고대 봉건적 사회는 집단을 중요시하여 고법의 삼명학(三命學)은 연주(年柱)를 주체로 보았다면 점차 개인 중심의 시대로 변하면서 신법의 자평학(子平學)에서는 일간(日干)으로 보았다. 이는 중국 오대~송대 서거이(徐居易)가 제시하였고, 남송 서승은 이를 계승하여 일간 중심의 육신법으로 발전시켰다.

이처럼 사주원국에서 일간(자신)을 가장 중요하게 본다면 나머지 간지 중에서 월지(月支)의 영향력이 가장 크다. 그리고 연주는 조상·부모, 월주는 형제·동료, 일주는 자신과 배우자, 시주는 자녀 등 육친관계를 살핀다.

연월일시의 지지(地支) 강약을 판단할 때 월지·일지·시지·연지 순으로 감명한다. 그러나 학자마다 월지·시지·일지·연지 또는 월지·일지·연지·시지 순으로 감명한다.

이처럼 자신의 사주원국을 토대로 성격·건강·인간관계를 해석하며 미래를 예측하고 예단한다. 그렇다고 자신의 사주만 가지고 판단할 때는 오류가 발생한다. 가족, 친구, 사회, 국가 등 누구와 어떻게 동행하느냐에 따라 자신의 운(運)에 영향을 주기 때문이다.

이외 심리적 측면과 유전학적 측면도 충분히 고려해야 한다. 예를 들어 임신 중에 호르몬 제제를 복용하면 태아는 공격성이 높아질 수 있다. 즉, 산모의 심리적 증상에 따라 자궁 환경의 변화로 태아의 이차적 성격과 건강이 결정된다.

분명 명리학은 자신의 성격과 운명을 판단하고 예측하는 학문이다. 그래서 더욱 다양한 경우의 수를 고려해야 한다.

＊ 일간(日干, 日元)을 기준으로 육친과 타인의 관계

시(時)	일(日)	월(月)	년(年)
자녀	배우자	부모 형제	조상 부모
후배 친구	친한 사람	동료·상사 학교 친구	제3자 어른

8. 확률의 수(數), 통계

명리학은 통계 논리학이라는 말처럼 '음양오행(陰陽五行)과 간지(干支)'를 결합하여 운명을 감명한다.

계산 방법은 사주의 년(60甲子)×월(12月)×일(60甲子)×시간(13時)을 곱하여 561,600이란 확률의 수(數)가 나온다. 또한, 남성과 여성의 수를 곱하면 1,123,200의 수가 된다.

여기서 하루의 기준은 24:00 시간으로 12시진으로 12개의 지지를 나눈다. 그러나 『삼명통회』, 「논시각」에 따르면 자시(子時)를 전반과 후반으로 야자시(夜子時)와 조자시(朝子時)로 나눈다. 즉, 하루를 13시진을 제시하고 있다. 필자는 12시진과 13시진을 둘 다 적용하여 감명한다.

시(時)		일(日)		월(月)		년(年)
13 (조자·야자시)	×	60 (60갑자)	×	12 (12절기)	×	60 (60갑자)

간혹 내담자에게서 "명리학은 100% 정확한가요?"라는 질문을 받는다. 나의 경험에 의하면 가족, 건강, 출생, 성별, 적성 등 여러 항목을 감명

하여 예측한 결과, 배우자 관계와 건강 문제는 높은 정확도를 보였다.

하지만 승진, 직장 이동, 결혼 시기, 자녀 성별 등은 개인마다 다른 결과를 보였다.

예를 들어, 가족 구성원 모두가 특정한 시기에 충(沖)·파(破)가 중복될 때 이혼이나 사고로 인해 붕괴하는 경우를 종종 보았다. 그러나 구성원 일부만 좋지 않으면 가족 전체에게 미치는 영향이 미약했다.

또한, 승진자의 경우 관인 상생을 중심으로 감명하지만, 나라와 사회, 지역에 따라 결과가 달랐다. 그 예로 2012년 7월 출범한 S자치시의 경우 인구가 지속해서 유입되면서 행정기구와 공무원 정원이 약 3배 이상 급격히 증원되었다. 이로 인해 사무관(5급) 승진이 타 지자체보다 3~5년 이상 승진 소요 기간이 짧았다.

무엇보다 개인의 사주를 기반으로 감명하는 것이 필수이지만, 주변 환경을 고려해야 큰 실수를 범하지 않을 것이다. 여기에 임상 경험을 통한 자신만의 관법을 적용해야 한다.

9. 계절의 변화, 절기(節氣)

절기(節氣)는 태양과 지구, 달이 운행하는 시간과 공간에 따라 4계절 24절기로 나뉜다. 이는 양력을 기준으로 하며 태양이 움직이는 15° 간격으로 나눈 것이다.

24절기는 12절기(節氣)와 12중기(中氣)를 줄인 말로 24기(氣)라고도 한다. 절기(節氣)는 매월 초 3~8일 사이이고, 중기(中氣)는 매월 중순 18일~24일 사이에 맞이한다.

절기는 동양 천문의 삼원(三垣)인 상원(上元) 태미원, 중원(中元) 자미원, 하원(下元) 천시원 중에서 북극성 주변에 있는 자미원을 기준으로 28구역으로 나누어 칠정(七政, 해, 달, 수성, 금성, 화성, 목성, 토성)의 위치에 따라 계절이 변화하였다. 이는 농경사회의 지표로 활용되었으며 이 같은 논리가 언제 확립되었는지 명확한 자료는 없으나, 중국 전한 시대『회남자』, 「천문훈」에서 24절 기법이 완성되었다.

24절기를 계절의 특징에 따라 구분하면 첫째 춥고 더운 시기(입춘·춘분·입하·하지·입추·추분·입동·동지), 둘째 기온 차이 시기(소서·대서·처서·소한·대한), 셋째 강수량 변화 시기(우수·곡우·백로·한로·상강·소설·대설), 넷째 만물 변화 시기(경칩·청명·소만·망종)이다.

명리학에서는 한해와 띠의 시작점을 입춘절입시각으로 정한다. '동지 기준설'로 정하는 학자가 있지만, 필자는 자평 명리학의 이론을 적용하여 입춘 절기를 한 해의 시작으로 본다.

다만 입춘(立春)절기가 운명이 형상화되는 시점이라면 동지(冬至)는 기(氣)가 발아하는 시점으로 본다.

❋ 24절기

사시	겨울		봄			여름			가을			겨울
월	1	2	3	4	5	6	7	8	9	10	11	12
음력	11	12	1	2	3	4	5	6	7	8	9	10
지지	자(子)	축(丑)	인(寅)	묘(卯)	진(辰)	사(巳)	오(午)	미(未)	신(申)	유(酉)	술(戌)	해(亥)
동물	쥐	소	범	토끼	용	뱀	말	양	원숭이	닭	개	돼지
삼지	왕지	고지	생지	왕지	고지	생지	왕지	고지	생지	왕지	고지	생지
절기(節氣)	대설	소한	입춘	경칩	청명	입하	망종	소서	입추	백로	한로	입동
중기(中氣)	동지	대한	우수	춘분	곡우	소만	하지	대서	처서	추분	상강	소설

10. 운명의 풍미, 신살(神殺)

신살(神殺, 神煞)의 "신(神)은 좋고, 살(殺)은 흉하다."라는 말처럼 긍정과 부정을 의미한다. 이는 동양 천문학의 일종인 오성술에서 전래하였으며 약 170~297개의 종류가 있고, 시대의 흐름에 따라 새로운 것이 생겼다 사라졌다 하였다.

신살은 크게 두 가지로 분류한다. 첫째 길성(吉星)·흉성(凶星)·혼인·소아관살(小兒關殺, 소아의 명을 논하는 살), 둘째 12신살과 일반 신살로 구분한다.

신살과 12운성을 사주감명에 보조적 매체로 사용할 것인가에 대한 의견이 분분하다. 만민영(萬民英, 육오)의 『삼명통회(三命通會)』, 서승(徐升)의 『연해자평(淵海子平)』은 대부분 기록하였고, 서락오(徐樂吾)의 『자평진전평주(子平眞詮評註)』, 진소암(陳素菴)의 『명리약언(命理約言)』은 이를 부정하였다.

필자의 경우, 사주를 감명하면서 세력이 약한 지지(地支)에 놓인 신살이 운(대운·세운)에서 삶에 역동적인 변화가 오는 것을 경험하였기 보조도구로 사용하고 있다.

긍정적으로 작용하는 신살은 천을귀인(도움), 문창귀인(총명)이고, 부정적으로 작용하는 신살은 양인살(羊刃, 陽刃, 강한), 백호살(변화), 삼형살(불균형), 역마살(공간 이동), 도화·홍염살(매력, 낭만), 화개살(자유, 고독),

괴강살, 귀문살, 원진살(증오, 질투) 등이다.

※ 12신살

연지 일지	겁살	재살	천살	지살	연살 (도화)	월살 (고초)	망신 살	장성 살	반안살 (금여)	역마 살	육해 살	화개살 (고지)
사유축 (金)	인	묘	진	사	오	미	신	유	술	해	자	축
신자진 (水)	사	오	미	신	유	술	해	자	축	인	묘	진
해묘미 (木)	신	유	술	해	자	축	인	묘	진	사	오	미
인오술 (火)	해	자	축	인	묘	진	사	오	미	신	유	술

※ 12운성(生旺死絶, 태어나 성장하고 왕성하게 활동하다 죽어 끊김)

신살	겁살	재살	천살	지살	연살 (도화)	월살 (고초)	망신	장성	반안 (금여)	역마	육해	화개 (고지)
운성	절명 (포)	태 (잉태)	양 (양육)	장생	목욕	대 (관대)	록 (임관)	왕 (제왕)	쇠 (쇠퇴)	병 (질병)	사 (죽음)	묘 (묘지)

11. 화합하고 깨지다, 합과 충

합(合)·충(沖)은 천간과 지지의 상생상극(相生相剋)과 함께 또 다른 일련의 법칙을 갖추었다.

중국 수대 소길의 『오행대의』, 명대 만민영의 『삼명통회』, 청대 심효천의 『자평진전』 등 문헌에 천간과 지지가 나란히 배열되어있는 것은 '합'이고, 서로 마주 보고 있는 것은 대립 관계로 '충'이라 하였다.

천간의 합은 5가지(甲己·乙庚·丙辛·丁壬·戊癸)이고 지지의 합은 삼합·방합·육합·반합·암합·쟁합으로 구분한다. 여기서 합(合)이란 긍정적으로는 '화합, 친목, 결합'을 의미하고, 부정적으로는 '소극적, 집착, 갇혀있다.'라는 뜻을 의미한다. 천간(天干)의 합은 정신의 세계로 재(財)에 집착하고 이성을 사랑하며 성(性)을 갈망한다. 지지(地支)는 물질의 세계로 합하면 실제로 육체적 사랑과 재(財)를 취득한다.

또한, 천간은 동과 서, 남과 북이 서로 마주치는 대립 관계의 4극(甲庚, 乙辛, 丙壬, 丁癸)과 서로 만나면 상극(丙庚, 丁辛) 관계가 있다.

지지는 육충(六沖)으로 생지 충(寅申巳亥), 왕지 충(子午卯酉), 고지 충(辰戌丑未)으로 나뉜다. 여기서 충(沖)이란 '마주침, 공허함, 충돌, 부딪침'으로 사고, 충돌, 이별, 질병, 소멸 등 부정적 의미가 있다.

여기서 합·충이 반드시 좋거나 나쁘다는 뜻으로 단정하기보다 일간 주

변의 환경과 구조를 보고 판단하는 것이 좋다. 가령 충(沖)이라도 일간의
마음과 같은 상생의 방향으로 간다면 긍정적인 결과를 얻는다.

※ 천간 합

합화 오행	토	금	수	목	화
천간	갑기합	을경합	병신합	정임합	무계합

※ 천간 충·극

충 극	충				극					
천간	갑 (甲)	을 (乙)	병 (丙)	정 (丁)	무 (戊)	기 (己)	경 (庚)	신 (辛)	임 (壬)	계 (癸)
충극	경 (庚)	신 (辛)	임 (壬)	계 (癸)	갑 (甲)	을 (乙)	병 (丙)	정 (丁)	무 (戊)	기 (己)

※ 지지 합(合)

합화 오행	목	화	토	금	수
방합	인묘진(동향)	사오미(남향)		신유술(서향)	해자축(북향)
삼합	해묘미(목국)	인오술(화국)		사유축(금국)	신자진(수국)
육합	인해	묘술, 오미	자축	진유	사신

※ 지지 충(沖)

인신·사해	자오·묘유	진술·축미
계절의 시작을 의미	계절의 한가운데	계절의 전환기
역마살	도화살	화개살 고집살

12. 숨어있는 기(氣), 지장간(地藏干)

지장간(地藏干)은 '간직하다', '감추다', '숨겨놓는다'를 의미한다.

지장간에 있는 2~3개의 천간(天干)은 평소 겉으로 드러나지 않고 지지(地支) 속에 갇혀있다가 대운(大運)과 세운(歲運)이 올 때 합·형·충(合·形·沖) 되면 안에 있던 천간(天干)이 밖으로 튀어나온다. 이때 사주원국의 천간(天干)에 투출(透出)하면 뜻하지 않았던 결실을 얻는다.

지장간의 등장 시기는 명확하지 않지만, 천인지(天人地)와 삼원(三元, 천간은 天元, 지지는 地元, 지장간은 人元), 또는 삼재(三才)론에서 제시하고 있다. 또한 『오행대의』의 오행과 사계절에 관한 이론, 서자평의 『낙록자삼명소식부』 주석본을 거쳐 『연해자평』에서 '월령용사(월률분야도)와 지지장둔가'로 분류하여 적용하였다.

즉, 월령용사는 월지의 지장간을 3가지(여기·중기·정기)로 나누어 순차적으로 감명하였다. 예를 들어 월지가 진토(辰土)이면 여기는 을목(乙木, 9일), 중기는 계수(癸水, 3일), 정기는 무토(戊土, 18일) 순이다. 이처럼 3가지 기(氣) 중에서 정기에 통근한 천간이 가장 강하게 작용한다.

이와 달리 인원용사는 지지의 첫 번째 천간이 주된 기(氣)이고 나머지 1~2개 천간은 보조적 기(氣)이다. 가령 각 지지 중 진토(辰土)일 경우 무토(戊土)가 주된 기(氣)이고, 을계(乙癸)가 보조적 기(氣)이다.

반면, 사주 네 개의 지지에 지장간 중에서 월지에서 통근한 천간이 가장 왕성하고 사회와 직장생활에 영향을 미친다. 또한, 일지와 시지는 본인과 배우자, 자녀의 관계에 영향을 준다.

※ 월령용사

지지	인(寅)	묘(卯)	진(辰)	사(巳)	오(午)	미(未)	신(申)	유(酉)	술(戌)	해(亥)	자(子)	축(丑)
절기	입춘 우수	경칩 춘분	청명 곡우	입하 소만	망종 하지	소서 대서	입추 처서	백로 추분	한로 상강	입동 소설	대설 동지	소한 대한
음력	1월	2월	3월	4월	5월	6월	7월	8월	9월	10월	11월	12월
여기	戊 7	甲 10	乙 9	戊 7	丙 10	丁 9	戊 7	庚 10	辛 9	戊 7	壬 10	癸 9
중기	丙 7		癸 3	庚 7	己 10	乙 3	壬 7		丁 3	甲 7		辛 3
본기	甲 16	乙 20	戊 18	丙 16	丁 10	己 18	庚 16	辛 20	戊 18	壬 16	癸 20	己 18

※ 인원용사

지지	인(寅)	묘(卯)	사(巳)	오(午)	진(辰) 술(戌)	축(丑) 미(未)	신(申)	유(酉)	자(子)	해(亥)
장간	무병갑 (戊丙甲)	을 (乙)	무병갑 (戊丙甲)	기정 (己丁)	을계무 (乙癸戊) 신정무 (辛丁戊)	계신기 (癸辛己) 정을기 (丁乙己)	무임경 (戊壬庚)	신 (辛)	계 (癸)	갑임 (甲壬)

13. 계절의 움직임, 대운(大運)

대운(大運)은 10년 주기로 바뀐다.

간혹 대운을 "크고 좋은 운이 들어온다."라고 말하는데 여기서 대운이란 하나의 간지(干支)가 10년씩 머무르며 사주원국에 영향을 끼친다.

덧붙이자면 명리학에서 명(命)은 생년월일시의 고정된 여덟 글자이고, 운(運)은 대운과 세운 등 시간에 따라 변화되는 것을 말한다.

이에 대한 명확한 근거를 찾기는 어렵지만, 우주 대 인간을 같은 1생으로 보고 결정되었다고 본다.

대운 수는 생일을 기준으로 양년(간)은 다음 절입일(節入日)까지, 음년(간)은 이전 절입일(節入日)까지 계산한 날짜 수를 3으로 나누어 그 몫으로 몇 살부터 대운이 시작되는지 정한다. 이때 나머지 수가 1이면 버리고, 2이면 나눈 몫에 1일 더한다.

그리고 대운의 진행 방향은 태어난 달의 간지(月柱)를 기준으로 양년(陽年)에 태어난 남명과 음년(陰年)에 태어난 여명은 순행(順行)하고, 반대로 음년(陰年)에 태어난 남명과 양년에 태어난 여명은 역행(逆行)한다.

진소암은 대운을 천간운(天干運)과 지지운(地支運), 각각 5년씩 또는 3년과 7년씩 나뉘어 감명하였고, 임철조는 천간운과 지지운을 나누지 않고 10년을 하나의 운으로 보았다. 그 외 서승의 '연해자평', 임철조의 '임

주적천수천미' 등에 대운 적용법이 명시되어 있다. 또한, 매년 보는 세운 (歲運), 매월 보는 월운(月運) 등이 있다. 대운의 천간은 겉으로 나타나는 현상·환경이고, 지지는 내면적·구체적으로 나타나는 결과이다.

❋ 대운을 정하는 방법

ㅇ 대운 기준 : 태어난 달(月)의 간지로 정한다.

ㅇ 순행과 역행
   순행 : 태어난 연간이 양간의 남자, 음간의 여자는 대운이 순행한다.
   역행 : 태어난 연간이 음간의 남자, 양간의 여자는 대운이 역행한다.

ㅇ 태어난 연간 : 양간 남자와 음간 여자
   출생한 일(양력)부터 다음 절기 일까지 날짜수를 세어 "3"으로 나눈다.
   3으로 나누어 나머지 수가 "0" 또는 "1"이면 버리고, "2"이면 몫에 "1"를 더
   한다.

ㅇ 태어난 연간 : 음간 남자와 양간 여자
   출생한 일(양력)부터 그 달의 절기날짜수를 세어 "3"으로 나눈다.
   3으로 나누어 나머지 수가 "0" 또는 "1"이면 버리고, "2"이면 몫에 "1"를 더
   한다.

* 예시, 대운산출 방법
 – 건명(乾命, 남성)이며 태어난 양력은 1997년 1월 7일 07시28분이다.
 – 태어난 연간은 병화(丙火), 양간으로 순행한다.
 – 태어난 날부터 다음 절기(입춘, 1997년 2월 4일 04시 02분)까지
   일수를 계산하면 28일 이다.(1월7일 부터 2월 4일까지)
 – 28일을 3으로 나누면 몫은 "9"이고 나머지 "1"은 버린다.
 – 따라서 대운은 "9"의 숫자를 기준으로 10년 단위로 바뀐다.
   (9, 19, 29, 39~)

14. 열 가지 인생의 대명사, 십성(十星)

십성(十星)은 일간을 기준으로 비견·겁재, 식신·상관, 편재·정재, 편관·정관, 편인·정인 등 열 가지의 인생 대명사이다. 그리고 십성(十星)은 십신 또는 육친(六親)이라 불리며 사주를 감명(통변)하는 핵심(열쇠)이다.

십성의 형성 배경은 고대 연주 중심의 추상적 사주감명에서 일간으로 변화되면서 새로운 체계가 형성되었다. 덧붙이자면 일간(日干)을 기준으로 음과 양을 나누어 오행의 상생·상극 관계를 부호화하여 천간·지지·지장간의 관계를 십성으로 통변한 것이다.

여기서 일간(我, 주체), 즉 나와 같은 것 비겁(비견, 겁재), 내가 낳은 것 식상(식신, 상관), 내가 이기는 것 재성(편재, 정재), 나를 이기는 것 관성(편관, 정관), 나를 낳은 것 인성(편인, 정인)으로 분류한다. 관련 문헌은 『연해자평』, 『명리약언』, 『삼명통회』 등이다.

육친은 남녀를 구분한다. 남명(男命)의 대표적 육친인 비견과 겁재는 형제와 자매, 식신은 손자, 상관은 손녀와 조모, 편재는 아버지와 첩, 정재는 아내, 편관은 아들, 정관은 딸, 편인은 계모와 할아버지, 정인은 어머니이다. 또한 여명(女命)의 대표적 육친인 비견과 겁재는 형제와 자매, 식신은 아들, 상관은 딸, 편재와 정재는 시어머니, 편관은 정부, 정관은 남편, 편인은 편모, 정인은 어머니로 묘사하였다.

이처럼 일간을 중심으로 인간관계와 적성·직업·학업 등을 통변한다. 참고로 사주를 감명할 때 현대사회의 가치관 및 구조의 변화로 길신과 흉신에 대한 통변이 변화됨을 고려해야 한다.

※ 열 가지 십성

비겁(比劫)	비견(比肩)	일간과 오행이 같고 음양도 같은 것	나
	겁재(劫財)	일간과 오행이 같고 음양이 다른 것	
식상(食傷)	식신(食神)	일간이 생하고 음양이 같은 것	일
	상관(傷官)	일간이 생하고 음양이 다른 것	
재성(財星)	편재(偏財)	일간이 극하고 음양이 같은 것	돈
	정재(正財)	일간이 극하고 음양이 다른 것	
관성(官星)	편관(偏官)	일간을 극하고 음양이 같은 것	명예
	정관(正官)	일간을 극하고 음양이 다른 것	
인성(印星)	편인(偏印)	일간을 생하고 음양이 같은 것	공부
	정인(正印)	일간을 생하고 음양이 다른 것	

※ 십성의 상생·상극

| 상생 | 비겁 | → | 식상 | → | 재성 | → | 관성 | → | 인성 |
| 상극 | 비겁 | → | 재성 | → | 인성 | → | 식상 | → | 관성 |

15. 텃밭의 새싹과 거름, 격국과 용신

격국(格局)과 용신(用神)은 사주를 감명하기 위한 또 다른 일련의 법칙
이다. 격은 선천적으로 타고난 형태나 기질을 말하며 용신은 후천적으로
맞이하는 운(運)이다. 그리고 격과 용신은 항상 같이 작용한다.

예를 들어, 격(格)이 텃밭에 돋아난 새싹(苗)이라면 용신(用神)은 양질의
거름과 같다. 즉, 새싹이 자라나 열매를 맺힐 수 있도록 해주는 물과 바
람, 밝은 빛과 어두운 빛, 온도와 습도 등이다.

격국(格局)은 고전격과 용신격으로 구분한다. 고전격은 내격과 외격으
로 구분하며 내격은 월지를 기준으로 통변 한다. 외격은 내격에서 통변
이 불규칙할 때 다른 간지에서 격을 취한다.

내격은 월지의 지장간에서 투간한 글자가 격이 된다. 지장간의 투간 순
서는 정기·중기·여기 순으로 격을 정하며, 여기서 천간에 투출된 격은
기질이 선명하고 뚜렷하게 나타난다. 만약 천간에 투간이 안되면 월지로
격(格)을 정한다.

용신격은 격국론과 용신론을 통합한 격으로 고전격(내격·외격)과 달리
격과 용신을 함께 쓴다. 용신격은 일간의 강약을 보고 용신을 정한다. 다
시 말해 일간이 신강하면 식상·재성·관성이 용신이고, 일간이 약하면
인성·비겁을 용신으로 쓴다.

예를 들어 비겁이 과다한 군겁쟁재격(君刦爭財格)은 비겁이 강한 반면 재성이 약하고 힘이 없어 운에서 재성이 오면 서로 뺏으려고 달려드는 형국이다. 따라서 식상 또는 관성으로 용신을 삼는다.

고전격과 용신격은 일간간명법으로 일간이 체(體)로서 격과 용신을 별개로 보고 있으나, 이와 달리 격과 용신을 하나로 삼는 월지간명법이 있다. 즉, 격국이 용신이며 이를 지켜주는 것이 상신(相神)이라고 하였다.

격(格)은 정격·가격·외격으로 나뉘고 정격은 십신의 팔격이며 가격은 월지가 비겁으로 월간 또는 시간과 연간 순으로 격을 정한다. 또한, 격은 길신격·흉신격을 불문하고 강하고 확고한 것이 제일 조건으로 보았다.

용신(用神)은 후천적이고 유동적이며 격(格)과 종속관계이다. 선천적인 사주팔자로 정하는 것이 격(格)이지만, 후천적으로 맞이하는 용신이 무엇인가에 따라 운(運)의 좋고 나쁨이 달라진다. 고서에 따르면『자평진전』은 억부·병약·조후·통관·전왕으로 분류하였고,『적천수』는 통관 중심,『명리약언』은 억부를 중심으로 보았다.

필자는 용신을 정할 때 억부와 월지간명법을 혼용한다. 즉, 일간이 정신적으로 추구하는 용신과 월지가 필요로 하는 물질적 용신을 각각 분리하여 삼는다. 이를 일월간명법이라 정했다.

그렇다고 용신에 국한되어 의존하기보다 사주 여덟 글자의 생극제화와 형충회합 등을 고려하여 감명한다.

제2부 • 하늘의 성질

출갑어갑(出甲於甲), 갑(甲)은 갑(甲)에서 나온다.

분알어을(奮軋於乙), 을(乙)에서 떨쳐 나와 발을 내디딘다.

명병어병(明炳於丙), 병(丙)에서 밝게 빛난다.

대성어정(大盛於丁), 정(丁)에서 크게 왕성하다.

풍무어무(豐楙於戊), 무(戊)에서 풍성하게 번성한다.

리기어기(理紀於己), 기(己)에서 기강을 다스린다.

렴경어경(斂更於庚), 경(庚)에서 다시 바꿀 것을 바란다.

실신어신(悉新於辛), 신(辛)에서 진실로 새로워진다.

회임어임(懷任於壬), 임(壬)에서 품는다.

진규어계(陳揆於癸), 계(癸)에서 베풀고 관리하다.

— 『사기』의 「율서」와 『한서』의 「역율지」에서 —

16. 주도적인, 갑(甲)

갑(甲)은 천간(天干)의 첫 번째 글자, 양목(陽木)이다.

갑목은 우레가 되며(甲木爲雷), 우레는 양기가 터져 나오는 것이다.

또한, 갑은 초목(草木)으로 양기(陽氣)가 안에 잠재해 있고 밖으로 음기(陰氣)가 쌓여있어 껍질을 벗겨 밖으로 나오는 형국이다. 그래서 성질이 강하고 위로 뻗어 오르려는 기질이 강하다. 또한, 이상이 높고 크기 때문에 꺾이거나 굽히지 않으려고 한다.

통변(象)은 우레(雷), 대림목(大林木), 동량(棟樑), 고림(高林), 곡물류 등이고, 형(形)은 직선적이며 인성은 인자하고 순수하며 도량이 넓다.

기질은 주도적이고 과감하며 진취적이다. 또한, 추진력과 통솔력, 책임감이 있지만, 지나치게 자신을 내세우거나 나서기를 좋아해 경쟁자에게 공격 대상이 된다. 또한, 타인의 부탁을 거절하지는 못하면서 책임감 있게 마무리는 못 짓는다.

갑목(甲木)은 갑인(甲寅), 갑오(甲午), 갑진(甲辰), 갑술(甲戌), 갑신(甲申), 갑자(甲子) 등 6개로 나뉘며 대체로 순수하고 시작을 잘한다. 자칫 화기(火氣)를 너무 사용하면 재나 숯이 되어 쓸모가 없게 되고, 수화(水火) 오행을 얻으면 나무가 화려하게 변한다.

17. 현실적인, 을(乙)

乙(을)은 천간(天干)의 두 번째 글자 음목(陰木)이다.

을목은 바람이며(乙木爲風), 이는 목(木)에서 바람이 스스로 생(生)하기 때문이다. 또한 을(乙)은 봄날 땅속에서 억눌려 있던 초목이 구부러져 밀고 나오는 모습이다. 하늘에 있어 힘찬 기운이 모든 나무에 기(氣)를 퍼트리는 것이 갑(甲)이라면 땅에 나무의 형태가 되어 기(氣)를 확산시키는 것이 을(乙)이다.

통변(象)은 풍운(風雲), 초목(草木), 활목(活木), 생목(生木), 유목(柔木), 싹(苗), 화목(花木), 조류 등이고, 형(形)은 곡선(曲)이며 인성은 유하고 인자하다. 계절적으로 아직 음기(陰氣)가 강하여 그늘보다 햇볕이 잘 들고 따스한 바람과 초목이 어우러져 봄기운이 무르익는 형국이다.

기질은 현실적이며 계산적이다. 또한, 겉보기에는 부드럽고 약해 보이나, 한번 생각한 것은 끝까지 밀고 나가는 추진력이 강하다. 그리고 내적인 면이 강하여 타인의 간섭 받기를 싫어하면서도 여러 사람과 어울려 협력해 나간다. 또한, 생활력이 강하고 지쳐 쓰러질듯해도 다시 일어나며 치열한 생존경쟁에서 반드시 살아남는 기질이다.

을목(乙木)은 을묘(乙卯), 을사(乙巳), 을미(乙未), 을축(乙丑), 을유(乙酉), 을해(乙亥) 등 6개로 나뉘며 대부분 현실에 맞게 열심히 생활한다.

18. 열정적인, 병(丙)

병(丙)은 천간(天干)의 세 번째 글자 양화(陽火)이다.

병화(丙火)는 하늘에서 양중지양(陽中之陽)으로 태양을 상징한다. 따라서 하늘을 가득 채운 큰 불꽃은 온 세상을 환하고 밝게 비치어 모든 만물의 성장을 돕는다. 통변(象)은 태양(陽), 일광(日光), 뢰(천둥·번개), 화산, 화로, 숯, 장작 등이고 형(形)은 크(大)며 인성은 자상하며 정이 많다.

기질은 명랑하고 모든 일에 정열적으로 앞장서서 추진하며 사소한 것에 얽매이지 않으려는 기질이다. 그리고 목화통명(木火通明)으로 심성이 착하여 대인관계가 좋다. 반면, 스케일이 크고 성격이 급하며 적극적이다 보니 타인의 의견을 듣지 않거나 약속을 안 지킨다.

또한, 자신의 의견을 적극적으로 표현하거나 바른말을 하는 등 속마음을 그대로 전달하여 구설수가 생긴다. 따라서 타인에게 얻은 정보를 비밀유지하고 말을 조심해야 한다.

병화(丙火)는 병인(丙寅), 병오(丙午), 병진(丙辰), 병술(丙戌), 병신(丙申), 병자(丙子) 총 6개로 나뉜다. 화기(火氣)가 강하면 찌는 듯이 더우므로 자신의 주장이 강하고, 수기(水氣)가 강하면 태양이 흐리고 어두우므로 소극적이고 이해타산적이 된다. 반면 봄의 태양은 만물에 기운을 불어넣어 주고 가을의 태양은 만물을 건조하게 한다.

19. 세심한, 정(丁)

정(丁)은 천간(天干)의 네 번째 글자 음화(陰火)이다.

정화(丁火)는 병화(丙火)가 꺼지면(死) 살아(生)난다. 즉 병화가 하지절(夏之節)로서 양(陽)이 최고조에 달하여 가득 차면 정화의 음(陰)이 새롭게 시작(始生)한다. 하늘에서는 별(星)이고 땅에서는 등불로 비유한다.

통변(象)은 별(星), 별빛, 등화(등불), 심(心), 심장(心臟), 의술, 전등, 등대, 문명 등이고, 형(形)은 작(小)고 인성이 지혜롭고 우아하다.

기질은 촛불을 켜놓은 것처럼 조용하고 세심하여 약해 보이지만, 내면은 자존심과 집념이 강하고 정신력이 뛰어나다. 그리고 직감력과 영감이 뛰어나 예리한 통찰력을 갖고 있다. 인정이 많아 주변에 따르는 사람이 많으나, 정작 당사자는 항상 혼자라고 생각한다.

또한, 온화하고 합리적이지만 신약하면 생각이 많아지고 이중적 성향을 나타내며, 민감하고 까다로운 성격을 보인다.

정화(丁火)는 정묘(丁卯), 정사(丁巳), 정미(丁未), 정축(丁丑), 정유(丁酉), 정해(丁亥) 등 6개로 나뉜다. 정사(丁巳)는 병오(丙午)보다 화국(火局)이 약해 보이지만 순간적으로 급변하는 기질은 비슷하다.

정화(丁火)는 밤에 태어나야 좋은 기(氣)의 흐름을 받는다. 또한, 여름의 정화(丁火)는 강하고, 겨울의 정화(丁火)는 약하다.

20. 믿음직한, 무(戊)

무(戊)는 천간(天干)의 다섯 번째 글자 양토(陽土)이다.

무토는 노을이 되며(戊土爲霞), 노을은 일정한 형태가 없고, 태양에 의지하여 그 형체가 나타난다. 토는 중화(中和)와 중심(中心)을 상징한다. 그래서 무기(戊己)는 사계절을 두루 포용하며 만물을 무성하게 한다.

통변(象)은 노을(霞), 안개(霧), 운무(雲霧), 대지, 높은 언덕, 제방, 토목, 건설 등이고, 형(形)은 원형 또는 육각형이며 인성은 느긋하다.

무토(戊土)는 큰 언덕으로 높고 건조(乾燥)하며 뜨거운 토양(熱土)으로 화기(火氣)가 섞여 만물이 번성한다.

기질은 큰 산(太山)과 광야(廣野)처럼 믿음직스럽고 너그러우며 속이 넓고 깊다. 하지만 자기의 주관과 개성이 뚜렷하고 자존감이 강하다.

그리고 언어와 표정이 무표정하고 무뚝뚝하여 교만하다는 오해를 받기 쉬우며 다른 사람의 말을 무시하거나 고집이 세다는 말도 듣는다.

무토는 무인(戊寅), 무오(戊午), 무진(戊辰), 무술(戊戌), 무신(戊申), 무자(戊子) 등 6가지로 나뉘며 토(土)가 부족하면 소심하고 의심이 많으며 토(土)가 많으면 첩첩산중으로 고립된 형국이다. 여기에 무토(戊土)는 저녁노을(霞)로 자칫 우울하고 외로울 수 있다.

21. 수용적인, 기(己)

기(己)는 천간(天干)의 여섯 번째 글자로 음토(陰土)이다.

기토는 구름이 되며(己土爲雲), 평야와 낮은 지역의 대지로 습하고 수기(水氣)가 혼합되어 있기에 눌리고 굽었다가 일어난다(抑屈而起也). 그리고 초목이 뿌리를 내리는 옥토(沃土)이다.

통변(象)은 구순(입술), 구름(雲), 우박, 황사(흙바람), 평원, 전원, 농업 등이고, 형(形)은 활모양처럼 굽으며 인성은 신중하고 수용적이다.

기질은 실리적이고 합리적으로 자기주장을 내세우지 않고 타인의 마음을 잘 헤아려준다. 그러나 기토(己土)는 입을 벌린 글자 모양처럼 기교 있게 말을 잘하지만, 의심이 많아 자신의 속마음을 잘 드러내지 않는다.

반면, 내성적이고 수동적이면서도 적극적이고 능동적인 양면성을 갖고 있다. 그래서 의심이 많고 까다로워 기토(己土) 일간의 소유자는 겉모습만 보고 평가하면 실수한다. 또한 복잡다단(複雜多端)하여 알면 알수록 어떠한 성격유형인지 분별하기 어렵다.

그 외 기토(己土)는 기록(記錄)한다는 의미가 있다. 그래서 타인이 잘못한 일을 오래도록 기억한다. 또한 기토(구름, 雲)와 갑목(우레, 雷)이 만나(甲己合)서 비(雨)를 만들어 토양(土)을 기름지게 한다.

22. 강건한, 경(庚)

경(庚)은 천간(天干)의 일곱 번째 글자 양금(陽金)이다.

경금은 달이 되고(庚金爲月), 계절은 가을을 상징하여 식물의 성장과 사물의 팽창이 억제되고 정기가 응고하여 수확과 결실을 본다. 또한 경(庚)은 고친다는 갱(更)에서 나온 글자로 새롭게 고친다는 뜻도 있다.

통변(象)은 월색(달빛), 달(月), 풍로(風露), 광물, 금철, 고철 등이고, 형(形)은 모퉁이 모서리며 인성은 의지가 강하고 직설적이며 고집 있다.

기질은 소신과 원칙을 중요시하며, 의리가 있어 한 번 사귀거나 믿었던 사람에게 자신을 희생하여 타인을 도우려는 마음이 강하다.

그리고 강자에게 맞서고 약자를 돕고 싶어 하는 희생정신이 있다. 또한, 직설적이고 솔직하며 완벽주의자로 공적인 일과 사적인 일을 분별하며 통솔력과 소신이 강하다. 반면 냉정하고 융통성이 부족하다.

경금(庚金)은 경인(庚寅), 경오(庚午), 경진(庚辰), 경술(庚戌), 경신(庚申), 경자(庚子) 등 6개로 나뉘며 대체로 강하다.

경금은 갑목(甲木)을 좋아하지만, 갑목은 경금을 두려워한다. 또한, 경술 일간에 무토(戊土)를 만나면 땅에 묻혀 버리는 형국이다. 그리고 뜨거운 정화(丁火)를 두려워하며 경금이 중첩되면 독선적으로 주변과 불협화음(不協和音) 한다.

23. 정확한, 신(辛)

신(辛)은 천간(天干)의 여덟 번째 글자이며 음금(陰金)이다.

신금은 서리가 되며(辛金爲霜), 만물숙살(萬物肅殺) 이후에 새롭게 결실을 보아 새로워진다. 다시 말해 경금(庚金)이 열매를 맺고 신금(辛金)은 억제와 고통을 통해 단단하고 완숙된 맛이 생긴다. 임수(壬水)를 만나면 부드러워진다.

다시 말해 음금(陰金)의 쌀쌀한 기온은 식물을 바짝 마르게 하여 떨어뜨리고, 차가운 서리와 하얀 이슬은 열매를 숙성하는 과정을 통해 새로운 맛과 씨앗을 낳는다. 통변(象)은 우박, 상로(霜露), 상(霜/찬 서리), 금속, 보석, 악기, 침 등이고, 형(形)은 조밀하며 인성은 정밀하고 정확하다.

기질은 순수하고 섬세하며 빈틈이 없다. 겉모습은 약해 보이지만, 내면은 논리적이고 체계적이며 날카롭다. 덧붙이자면 사사로운 정에 이끌리지 않고 모든 일을 완벽하고 치밀(緻密)하게 계획하여 처리한다. 그래서 사무적 기획 능력이 뛰어나고 정확한 계산 능력을 갖추고 있다.

항상 새로운 것을 추구하고 발전시키며 타인보다 시대에 앞서는 재능과 매력을 갖고 있어 인기가 좋다. 신금(辛金)은 신묘(辛卯), 신사(辛巳), 신미(辛未), 신축(辛丑), 신유(辛酉), 신해(辛亥) 등 6개로 나뉘며 대부분 원칙적이고 정확하지만, 마음이 유(柔)하거나 편안하지는 않다.

24. 현명한, 임(壬)

임(壬)은 천간(天干)의 아홉 번째 글자이며 양수(陽水)이다.

임수는 가을 이슬이 된다(壬水爲秋露). 봄의 이슬이 만물을 적셔 살린(生)다면 가을 이슬은 상로(霜露)로서 굴복시키거나 죽음을 의미한다. 만물을 잉태하여 품고 있는 형국으로 양기(陽氣)가 대지에 얼어붙어 죽은(死氣) 듯 보이나 내면은 양기가 시생(始生)하고 있다.

통변(象)은 상로(霜露), 해수(海水), 강(江), 자궁, 임신, 샘물, 폭우, 폭포, 하천 등이고, 형(形)은 규칙이 없고 인성은 슬기롭고 자유롭다.

기질은 물의 움직임처럼 현실 판단 능력과 창의력이 뛰어나며 지혜가 있고 사색적이며 생각이 많다. 그러나 처음의 계획과 목적이 다르게 변하는 편이다. 또한, 넓은 바다처럼 마음이 넓고 잘 수용하는 성향이며, 특정 학문을 깊게 파고드는 것보다 다양하고 폭넓게 습득하는 성향이다.

임수(壬水)는 임인(壬寅), 임오(壬午), 임진(壬辰), 임술(壬戌), 임신(壬申), 임자(壬子) 등 6개로 나뉘며 일반적으로 신중하고 얌전하다. 이중 임자(壬子)는 탁수와 담수로 가득 차 있는 형국이다. 그래서 자신의 속마음을 잘 표현하지 않아 마음에 깊이를 알 수 없고 혼자만의 비밀이 많다. 따라서 겉모습만 보고 판단할 경우 오해가 생길 수 있다.

25. 배려 있는, 계(癸)

계(癸)는 천간(天干)의 열 번째 글자 음수(陰水)이다.

계수는 봄비이다(癸水爲春霖). 계수가 묘(卯月)에 장생(長生)하므로 춘림이라 한다. 이때 비를 맞은 음목(陰木)은 꽃이 피어난다.

또한, 씨앗의 종자가 양기(陽氣)에 싹이 터서 껍질을 열고 나오기 전까지 헤아려 품고 있다.

통변(象)은 춘상(春霜), 춘림(春霖/봄비/단비), 샘물, 연못, 눈물 등이고, 형(形)은 원형이며 매끄러우며 인성은 온유하고 친화적이다.

기질은 온유하고 자상하며 상대방을 잘 이해하지만, 실천력이 부족하고 어려운 일을 보면 고민만 할 뿐 직접 나서지 않는다.

성질은 상황에 맞게 대응을 잘하고 창의성이 뛰어나며, 즉흥적인 임기응변을 잘한다. 흐르는 물처럼 자기 마음대로 변화하고 적응할 수 있는 능력을 갖추었으나, 과한 경우 독선적으로 안하무인과 변덕스럽다. 특히 계수가 중첩되면 다중인격과 실리를 추구한다.

계수(癸水)는 계묘(癸卯), 계사(癸巳), 계미(癸未), 계축(癸丑), 계유(癸酉), 계해(癸亥) 등 6개로 나뉘며 계해는 60갑자 중 마지막 간지이다. 대체로 조심스럽고 부지런하며 차분하다.

✳ 천간의 성격유형

천간	대표유형	주요특성
갑(甲)	주도적인	직선적, 진취적, 과감한, 통솔력, 선두기질, 리더십 자기중심, 이기주의, 과시욕구
을(乙)	현실적인	실리추구, 섬세한, 유연성, 실속있는, 친화력 이해타산, 치밀한, 계산적
병(丙)	열정적인	명랑한, 활동적, 정열적, 적극적, 역동적, 개방적 성급한, 자기과시, 직설적, 양성적, 안하무인
정(丁)	세심한	합리적, 온화한, 섬세한, 원칙적, 인내심, 자상한 소심한, 이기심, 무관심, 보수적, 이타심
무(戊)	믿음직한	중립적, 신중한, 우직한 답답한, 무관심, 무뚝뚝한, 독선적, 무용통성, 폐쇄적
기(己)	수용적인	신중한, 중립적, 인내심, 편안한, 안정감, 현실적 이기심, 소극적, 수동적, 이중적, 이해타산적
경(庚)	강건한	일관성, 적극성, 솔직한, 통솔력, 소신있는 완벽주의, 결과중심적, 강한, 보수적, 오만, 자기과시
신(辛)	정확한	논리적, 완벽한, 자존심, 섬세한, 세밀한 독선적, 깐깐한, 분석적, 자존심, 타인의식
임(壬)	현명한	현실적, 안정감, 차분한, 통찰력, 적응력, 창조성 냉정한, 음성적, 계략적
계(癸)	배려 있는	논리적, 온화한, 다정한, 사교적, 자상한, 설득력 이중성, 변덕성, 다중인격

제3부 • 땅의 기호

자맹어자(孶萌於子), 자(子)에서 낳고 싹터(씨앗) 번성한다.

유아어축(紐牙於丑), 축(丑)에서 싹(치아)이 맺힌다.

인달어인(引達於寅), 인(寅)에서 끌어당겨 인도한다.

모묘어묘(冒茆於卯), 묘(卯)에서 풀이되어 위로 올라온다.

진미어진(振美於辰), 진(辰)에서 아름다움을 펼친다.

이성어사(已盛於巳), 사(巳)에서 왕성하게 자란다.

악포어오(咢布於午), 오(午)에서 널리 퍼트린다(확장되다).

매애어미(昧薆於未), 미(未)에서 맛과 향기가 숙성(성숙)된다.

신견어신(申堅於申), 신(申)에서 거듭하여 단단해진다.

유숙어유(留孰於酉), 유(酉)에서 오래도록 숙성한다.

필입어술(畢入於戌), 술(戌)에서 완성되어 분리된다(떨어진다).

해애어해(該閡於亥), 해(亥)에서 정리(마무리)된다.

- 『사기』의 「율서」와 『한서』의 「역율지」에서 -

26. 사교적인, 자(子)

자(子)는 십이지의 첫째이고, 천간의 계수이며 원래는 양수(陽水)이지만 사주 볼 때는 음수(陰水)를 적용한다.

자수(子水)는 쥐를 상징하며 다산과 저축(貯蓄), 자축성(孳畜性)의 동물이다. 방향은 북쪽이고 색상은 검은색이며 신체 부위는 신장(腎臟), 생식기, 귀, 생리, 호르몬, 혈 등이다.

통변(体)은 잉(孕, 품다), 수(水), 정(井, 우물), 연못, 지하수, 종자(種子), 우로(雨露) 등이며, 시간은 밤 23시 30분에서 새벽 1시 30분까지다. 또한, 00시 30분을 기준으로 야자시와 조자시로 나눈다. 오화(午火)를 만나면 충(沖)하고 축토(丑土)와 합(合)한다.

절기는 대설(大雪)과 동지(冬至) 사이이며, 지장간의 구조는 임수(壬水) 10일, 계수(癸水) 20일로서 다른 것이 섞이지 않은 순수한 물이 출렁이는 물웅덩이지만, 주변 환경에 따라 물(水)의 형태가 변한다.

특성은 물처럼 차분하고 조심스러우며 지혜롭다. 그리고 감각적이고 창조적이며 상황 판단 능력이 뛰어나다. 또한, 여러 사람과 쉽게 잘 어울리는 등 사교적이다. 반면 수기(水氣)가 강하면 사리사욕을 채우고 속마음을 잘 드러내지 않는다.

27. 성실한, 축(丑)

축(丑)은 십이지의 두 번째이며 천간의 기토이고 음토(陰土)이다.

축토는 소(牛)를 상징하며 되새김과 뿔이 있다. 감정에 상처를 입으면 반복해서 표현한다. 방향은 중앙이고 색상은 황색이며 신체는 비장(지라), 췌장(이자), 위장, 복부, 피부 등이다.

통변(体)은 유안(柳岸, 버들강아지 피는 언덕), 논과 밭, 습지, 묘지, 산, 동토(冬土), 각(脚, 다리), 밀가루, 콘크리트, 골재 등이며, 시간은 새벽 01시 30분부터 03시 30분 사이로 깊은 잠을 취하며 준비하는 시기이다. 미토(未土)를 만나면 충(沖)하고 자수(子水)와 합(合)한다.

절기는 북풍한설이 있는 소한에서 대한으로서 한겨울의 긴긴밤을 보내는 때이다. 지장간은 계수(癸水)가 9일, 신금(辛金)은 3일, 기토(己土)가 18일이며 금(金)의 고장지(庫藏地)가 된다.

특성은 성실하고 유순하며 참을성이 많다. 또한, 우직하고 강직하며 느긋함과 기다림의 대명사이다. 반면 끈기가 있으나 고집이 있어 자신이 잘못한 것을 잘 인정하지 않는다.

축은 차가운 기운을 가득 머금고 있는 얼어붙은 땅(凍土)에 씨앗(금, 金)을 간직하고 있는 상태로서 봄에 싹을 틔울 기회를 기다리고 있다.

28. 강인한, 인(寅)

인(寅)은 십이지의 세 번째이고, 천간의 갑목이며 양목(陽木)이다.

인목(寅木)은 호랑이를 상징한다. 고양잇과 동물 중에 가장 크고 움직임이 민첩하며 자신만의 적극적인 삶을 추구한다. 방향은 동쪽이고 색상은 청색이며 신체 부위는 담(쓸개), 간장, 눈, 머리, 신경계, 사지 등이다.

통변(体)은 발(髮), 농장, 목재, 통나무, 전주(電柱), 고무나무, 고층 건물 등이다. 시간은 새벽 3시 30분부터 5시 30분까지다. 신금(申金)을 만나면 충(沖)하고 해수(亥水)와 합(合)한다.

절기는 입춘에서 우수까지로 우수 이전은 초봄과 겨울의 끝자락이 남아있지만, 우수 이후는 양기(陽氣)가 왕성한 봄을 맞이한다. 지장간은 무토(戊土) 7일, 병화(丙火) 7일, 갑목(甲木) 16일로 겨울의 습한 토(土)는 약해지고 건조한 성분으로 변한다. 또한, 인목은 화의 생지(生地)다.

특성은 양기(陽氣)가 가장 강한 오월에 출생하는 동물로 기질이 강하다. 그래서 진취적이고 활동적이며 독특한 개성을 갖는다. 새로운 일에 대한 부담을 갖지 않으며 환경변화에 적응을 잘한다.

강압적이고 지나친 과욕과 독단적으로 일을 처리한다. 또한, 격식과 체면을 중시하며 불평불만이 있고 속세를 등지고 홀로 지낸다.

29. 현실적인, 묘(卯)

묘(卯)는 십이지의 네 번째이고 천간이 을목이며 음목(陰木)이다.

묘목(卯木)은 토끼를 상징하고 글자 모양은 양쪽으로 벌어진 잎새와 토끼 귀를 연상한다. 이처럼 나뉜 모양은 좋고 나쁨의 공존을 의미한다. 방향은 동쪽이고 색상은 청색이며 신체 부위는 간(肝), 눈, 목, 척추, (말초)신경, 혈관, 근육, 수족 등이다.

통변(体)은 초목, 씨앗, 한약초, 야채, 문서, 섬유, 문필, 인장, 목각, 화장품, 전선 등이며 시간은 아침 5시 30분부터 7시 30분까지다. 유금을 만나면 충(沖)하고 술토(戌土)를 만나면 합(合)한다.

절기는 경칩에서 춘분 사이로 겨울잠을 자던 동물들이 활동을 시작하며 식물은 새싹이 돋아 꽃을 피우기 위해 준비하는 시기다. 지장간은 갑목(甲木) 10일, 을목(乙木) 20일로 대림목(大林木)은 초목과 넝쿨나무 등 목(木)의 기운이 가장 왕성(旺地)하다.

특성은 활발하고 유연하며 끈질긴 생명력과 생활력이 강하다. 발아지상(發芽之象)으로 어떤 일이건 시작을 잘하고 환경에 적응을 잘하지만, 앞으로만 급하게 전진하려는 기질로 성격이 날카로워지고 실패가 우려된다. 또한, 주변 환경으로부터 민감하게 반응하여 목적을 순간적으로 변경한다. 이로 인해 변덕스럽다는 말을 듣는다.

30. 진취적인, 진(辰)

진(辰)은 십이지의 다섯 번째이고 천간의 무토이며 양토(陽土)이다.

진토(辰土)는 용(龍)을 상징하고 십이 동물의 특징을 갖추어 현실과 이상이 공존한다. 방향은 중앙이고 색상은 황색, 신체 부위는 위장, 옆구리, 겨드랑이, 지방(살), 코, 피부감염 등이다.

통변(体)은 생토(生土), 윤토(潤土), 농지, 피(皮, 皮膚), 피부병, 나무껍질, 짙은 안개, 지하실, 농기구 등이며 시간은 아침 7시 30분부터 9시 30분까지다. 술토(戌土)를 만나면 충(沖)하고, 유금(酉金)은 합(合)한다.

절기는 청명(淸明)에서 곡우(穀雨)까지이며 청명(淸明)은 맑고 밝은 기운(氣運)으로 목(木)이 꽃을 피우고 자신의 기상(氣像)을 펼친다. 곡우는 파종에 필요한 물을 가두고 기다리는 시기이다. 지장간은 을목(乙木) 9일, 계수(癸水) 3일, 무토(戊土) 18일로 나무(木)의 성장과 발육을 위해 물(水)을 담아 놓은 고장지(庫藏地)다.

특성은 희망과 성취의 상징이며 적극적인 행동으로 실천력이 뛰어나다. 또한, 진지하고 조용하며 듬직하다. 그러나 무정하고 답답하며 고집스럽다. 그리고 속마음을 잘 드러내지 않으며 목표가 높아 좌절당하면 쉽게 주저앉는다. 또한, 완벽주의로 자신과 주변을 힘들게 한다.

31. 적극적인, 사(巳)

사(巳)는 십이지의 여섯 번째이고 천간의 병화(丙火)이며 원래는 음화(陰火)이지만 사주를 볼 때는 양화(陽火)를 적용한다.

사화(巳火)는 뱀을 상징하며 동면(冬眠)을 하고, 지면(地面)으로 이동하는 차가운 동물이지만, 햇볕이 있어야 왕성한 활동을 한다. 방향은 남쪽이고 색상은 적색이며 신체 부위는 소장, 혈압, 얼굴, 혀 등이다.

통변(体)은 치아(齒牙), 태양, 면(面/얼굴), 도로, 역전(驛前), 시장, 교차로, 화염, 화학, 가스 등이며 시간은 아침 9시 30분부터 오전 11시 30분까지다. 해수(亥水)를 만나면 충(沖)하고 신금(申金)과 합(合)한다.

절기(節氣)는 입하(立夏)와 소만(小滿)으로 여름이 시작되고, 양(陽)의 기운이 강하며 한 해의 농사를 시작하여 씨를 뿌리는 시기이다. 지장간은 무토(戊土) 7일, 경금(庚金) 7일, 병화(丙火) 16일로 병화는 자기 양(陽)의 기운을 다 소모하여 경금(庚金)에 결실을 보도록 자신을 바친다.

특성은 무늬가 화려한 뱀이 타인의 눈에 잘 보이듯 창조적이고 표현력이 뛰어나다. 그래서 자신을 잘 표현한다. 또한 양(陽)의 기운이 강한 계절이라 적극적이고 왕성하게 활동한다.

청년기로 감정억제가 서투르며 성격의 기복이 심하고 불평불만이 많다. 그리고 독단적이고 자기중심적이라 타인의 간섭을 받기 싫어한다.

32. 정열적인, 오(午)

오(午)는 십이지의 일곱 번째이고 천간의 정화(丁火)이며 원래는 양화(陽火)이지만 사주 볼 때는 음화(陰火)를 적용한다.

오화(午火)는 말(馬)을 상징하며 활동성이 강하고 달리기를 잘한다. 일음(一陰)이 생하는 시기라, 말이 의심과 겁이 많고 경계를 잘해, 서서 잠자는 습성이 있다. 방향은 남쪽이고 색상은 적색이며 신체 부위는 심장, 정신, 혀, 시력, 맥(맥박), 신경 등이다.

통변(体)은 파발마(擺撥馬), 주마(走馬/傳令), 등촉(燈燭), 가로등, 광화(光火), 등불, 통신, 등댓불, 정오 등이며, 시간은 오전 11시 30분부터 오후 1시 30분까지다. 자수(子水)와 충(沖)하고 미토(未土)와 합(合)한다.

절기는 파종을 마치는 망종(芒種)에서 낮이 가장 길고 밤이 가장 짧은 하지(夏至) 사이며, 지장간은 병화(丙火) 10일, 기토(己土) 10일, 정화(丁火) 10일이며 화(木)의 기운이 가장 왕성(旺地)하다.

특성은 사교적이며 열정적이고 역동적이다. 즉 말이 본능적으로 달리는 모습처럼 활동적이고 개방적이며 사교적인 성향으로 정보습득이 뛰어나다. 반면 독립심이 강하여 타인의 간섭을 받기 싫어하며 성격이 불같고 급하다. 그리고 감정기복이 심하여 일관성 없는 행동을 보인다.

33. 끈기 있는, 미(未)

미(未)는 십이지의 여덟 번째이고 천간은 기토이며 음토(陰土)이다.

미토(未土)는 양(羊)을 상징하며 유순한 동물로 생각하지만 실제로 억세고 사납다. 방향은 중앙이고 색상은 황색이며 신체 부위는 비장(지라), 배, 피부, 수족 등이다.

통변(体)은 미(味), 유목(柔木)의 창고, 온토(溫土), 사막지대, 토석, 잔디밭, 화원, 사막지대, 도로, 대지 등이며, 시간은 오후 1시 30분부터 3시 30분까지다. 축토(丑土)를 만나면 충(沖)하고 오화(午火)와 합(合)한다.

절기는 소서(小暑)와 대서(大暑) 사이이며, 지장간은 정화(丁火) 9일, 을목(乙木) 3일, 기토(己土) 18일이며 목(木)의 고장지(庫藏地)가 된다.

미월(未月)은 이음(二陰)이 시작하는 때이며, 초복(初伏)과 중복(中伏)이 있는 달이다. 땅에 흡수된 열기가 복사되어 가장 더위를 느끼는 시기이며 초목(草木)은 점점 약해지고 열매는 성장을 멈추는 휴식의 달이다.

특성은 끈기와 인내이다. 양(羊)은 가던 길로 되돌아오는 기질로, 정직함이 있으나 양의 꼬불꼬불한 창자 모양처럼 소견이 좁고 자존심이 강하며 빈틈이 없다. 또한, 감정을 쉽게 드러내지 않아 속마음을 알 수 없거나 답답할 수 있다. 천성은 착하나 자존심이 강하고 예민하여 건드리면 폭발한다. 이로 인해 간혹 욱하는 성격을 보일 수 있다.

34. 독자적인, 신(申)

신(申)은 십이지의 아홉 번째이고, 천간의 경금이며 양금(陽金)이다.

신금(申金)은 원숭이를 상징하며 식탐과 빨리 먹는 습성을 갖고 있다. 삼음삼양(三陰三陽)이며, 방향은 서쪽이고 색상은 백색이다. 신체 부위는 대장, 인후, 성대, 근골(뼈), 치아 등이다.

통변(体)은 수도(首都/名都), 철강, 고철, 열차, 자동차, 전차, 비행기, 버스, 대형차, 화물차, 물탱크 등이며 시간은 오후 3시 30분부터 5시 30분까지다. 인목(寅木)을 만나면 충(沖)하고 사화(巳火)와 합(合)한다.

절기(節氣)는 입추(立秋)와 처서(處暑) 사이고, 지장간은 무토(戊土) 7일, 임수(壬水) 7일, 경금(庚金) 16일이며 수(水)의 생지(生地)다.

특성은 지혜와 잔재주가 있어 다재다능하며, 백색처럼 순수하고 수확과 결실의 계절로 결과지향형이다. 또한, 가을의 쌀쌀한 기운에 생물이 말라 죽는다는 숙살(肅殺)의 기운으로 성장을 억제하고 수축과 응고를 통하여 결실을 보는 시기다.

혹독한 겨울을 맞이하기 위해 매사 철저하게 대비하는 때로 준비성과 이재(理財)에 밝다. 반대로 과하거나 부족하면 무계획적이고 경솔하다. 또한, 소멸의 시기로 외롭고 쓸쓸하며 고독하다.

35. 신념 있는, 유(酉)

유(酉)는 십이지의 열 번째이고 천간의 신금이며 음금(陰金)이다.

유금(酉金)은 닭을 상징하며 우렁찬 울음소리는 시대(時代)의 시작과 하루의 시간(時)을 알렸다. 또한, 흙을 파헤쳐 먹이를 찾는 습성이 있다. 방향은 서쪽이고 색상은 백색이며 신체 부위는 폐(肺), 기관지, 피부이다.

통변(体)은 사종(寺鐘), 철재, 보석, 귀금속, 유리, 주정(酒精), 가전제품, 공구, 비석, 탑(塔) 등이며 시간은 오후 5시 30분부터 7시 30분까지다. 묘목(卯木)을 만나면 충(沖)하고 진토(辰土)와 합(合)한다.

절기는 백로(白露)와 추분(秋分) 사이로 이슬이 내리고 만물에 양의 기운이 빠지며 열매 안의 씨앗이 수축하여 단단해진다. 지장간은 경금(庚金) 10일, 신금(辛金) 20일이며 금의 기운이 가장 왕성(旺地)한 때이다.

특징은 결실과 안정이다. 유금은 백색으로 순수하고 솔직한 의미가 담겨있으며, 발로 흙을 파헤쳐 부리로 콕콕 쪼아 먹는 습성은 어떤 일을 빨리 진행하여 끝낸다. 또한 주변의 비밀을 잘 파헤친다.

성정은 서리(霜)로 자연 만물의 성장을 멈추거나 죽이는 숙살지기(肅殺之氣)다. 즉 다음 계절로 가기 위해 새롭게 변화를 주는 단계로 신념과 의지력이 있지만, 강한 주장은 고집과 아집으로 나타난다.

36. 충실한, 술(戌)

술(戌)은 십이지의 열한 번째이고 천간은 무토이며 양토(陽土)이다.

술토(戌土)는 개를 상징한다. 인간에게 친숙한 동물로 영특하며 충직하고 성실하다. 방향은 중앙이고 색상은 황색이며 신체 부위는 위장, 배, 옆구리, 늑골 등이다.

통변(体)은 화고(火庫), 숲(높은 산), 천문(天門), 명문(命門), 활인(活人), 원토(原土), 묘지, 운동장 등이며, 시간은 저녁 7시 30분에서 밤 9시 30분까지다. 진토(辰土)를 만나면 충(沖)하고 묘목(卯木)과 합(合)한다.

절기는 한로(寒露)와 상강(霜降) 사이고 찬 이슬과 서리가 내리는 시기다. 지장간은 신금(辛金) 9일, 정화(丁火) 3일, 무토(戌土) 16일이며 화(火)를 담아 놓은 고장지(庫藏地)다.

특성은 영리하고 성실하며 신념이 강하다. 개는 인간과 가장 친화적인 관계를 맺고 있으며, 가족 등 자신의 영역을 지키기 위해 성실하고 부지런하며 헌신적으로 보살핀다.

그리고 주변을 의식하지 않고 묵묵히 일을 수행한다. 반면, 현실 지향적으로 이익이 되는 일이라면 타인을 의식하지 않고 이기적으로 행동한다. 또한, 언변이 뛰어나지만 쉽게 흥분하며 자기주장이 강하다.

37. 능동적인, 해(亥)

해(亥)는 십이지의 열두 번째이고 천간의 임수(壬水)다. 원래는 음수(陰水)이나 양수(陽水)로 해석한다. 해수(亥水)는 돼지를 상징하며 길몽과 재물 등 복(福)의 근원과 달리 강한 식욕과 번식력, 탐욕스러운 동물로 비유한다. 방향은 북쪽이고 색상은 검은색이며 신체 부위는 방광, 생식기, 혈액, 혈압, 하체 근육 등이다.

통변(体)은 해수(海水), 은하수(銀河水), 항로, 무역(貿易), 해운업(海運業) 선박, 선창가(船窓家), 파도 등이며, 시간은 밤 9시 30분에서 11시 30분이다. 사화(巳火)를 만나면 충(沖)하고 인목(寅木)과 합(合)한다.

절기는 입동(立冬)과 소설(小雪) 사이로 겨울철에 접어들면서 날이 추워지고, 첫눈이 내리는 계절이다. 음(陰)이 극(極)에 달(達)해 있으므로 양(陽)으로의 진입(進入)을 생각(生覺)하게 하는 달이다. 지장간은 무토(戊土) 7일, 갑목(甲木) 7일, 임수(壬水) 16일이며 목(木)의 생지(生地)다.

특성은 융통적이고 온순하다. 그리고 내리는 눈처럼 베풀기를 좋아한다. 육음(六陰)이자 천문(天門)으로 어떤 일을 마무리하고 또다시 시작(終始)을 잘한다. 반면 인내와 지구력이 약하여 쉽게 포기도 한다.

해(亥)는 바다처럼 스케일이 크고 융통성이 있다. 그러나 가로막히면 욱하여 소리부터 크게 지르는 성향이다.

※ 지지의 성격유형

지지	대표유형	주요특성
자(子)	사교적인	지혜로운, 감수성, 감각적, 예민한, 실천력 약한
축(丑)	성실한	온순한, 강직한, 끈기있는, 강압적, 고집있는
인(寅)	강인한	활동성, 개성있는, 독단적, 강압적, 주관적, 성급한
묘(卯)	현실적인	침착한, 일관성, 유연성, 신속한, 확산력, 욕심 많은
진(辰)	진취적인	적극적, 실천적, 활동적, 목표지향, 고집있는, 독불장군
사(巳)	적극적인	왕성한, 활동적, 권위적, 예민한, 자기중심적, 욱하는
오(午)	정열적인	개방적, 활동적, 사교적, 독립적, 성격 급한, 파괴력
미(未)	끈기 있는	정직한, 자존감, 집중력, 답답한, 소견 좁은
신(申)	독자적인	역동적, 지혜로운, 결과지향적, 산만한
유(酉)	신념 있는	섬세한, 솔직한, 내성적, 고집과 아집, 잔소리
술(戌)	충실한	충직한, 친화력, 헌신적, 사색적, 과격한, 주장이 강한
해(亥)	능동적인	온순한, 융통성, 소심한, 수동적, 생각이 많은

제4부 · 사주의 마음을 그리다

결혼은 필연인가

정말 시대가 변했다. 유년 시절만 해도 20대 후반의 사촌 누나를 보면 노처녀(老處女)라고 놀렸는데, 요즘은 어떠한가? 결혼 풍속도는 필수가 아닌 선택으로 달라졌다.

실제로 가족의 일원이나 직장 동료 중에 늦은 나이에 결혼하지 않으면 말 못 할 사연이 있는 것은 아니냐는 편협한 시각으로 보았다. 하지만 어느 시점부터 결혼을 평생 하지 않고 혼자 살거나, 자신이 하고 싶은 일들을 경험한 다음 늦은 나이에 결혼하여도 자연스럽고 멋지게 본다. 그만큼 '미혼의 시대, 만혼의 시대'라는 말이 어색하지 않다.

이런 사실을 증명하듯 지난해 보건사회연구원이 발표한 여성 미혼율은 1995년과 2015년 대비 25세~29세는 30%에서 77%, 30세~34세는 7%에서 38%, 35세~39세는 3%에서 19%로 급격히 상승했다. 남성 역시 25세~29세의 경우 64%에서 90%로 급등하는 등 통계자료를 통해 증명되고 있다. 또한, 2019년 대외경제정책연구원의 조사 결과, 결혼에 대한 긍정적 견해는 19.2%에 불과했다.

이 같은 결혼·미혼·비혼에 대한 인식 변화의 계기는 80년대 여성의 교육 기회와 사회참여가 확대되었기 때문이다.

최근에는 부동산 가격 상승, 혼인 의례 상품화 등 비용부담으로 결혼을 앞둔 젊은 세대들의 혼인이 늦어지고 있다. 이는 자연스레 저출산이란 심각한 사회 문제까지 이어지고 있다.

이런 사회적 변화가 결혼하지 않아도 특별히 불편하지 않다는 개개인의 가치관에 영향을 주었다.

그렇다고 결혼에 관한 생각이 없는 것은 아니다. 20·30대 내담자가 주로 하는 질문은 "내 사주에 결혼 운이 있나요?", "언제쯤이면 평생의 반려자를 만날 수 있나요?"라고 질문한다.

그럼 남성은 재성(財星), 여성은 관성(官星)을 중심으로 살펴본다.

사실 고대에는 혼인 점으로 신랑 측이 중심이 되어 보았다면 명리학이 등장하면서 남녀가 각각 서로 좋고 나쁨을 판단하였다. 또한, 납음오행론, 궁위궁합론, 용신궁합론, 일주궁합론, 합과 충의 관계를 보고 과함과 부족함을 살핀다. 이런 이론 역시 사회적 변화로 인해 결혼 운을 해석하는 방법도 변화되고 있다.

다시 말해 결혼은 인륜지대사(人倫之大事, 인간이 살아가면서 하는 큰일)라는 말처럼 우리 삶에 가장 중요한 통과의례 중의 하나이다.

그러나 시대는 변하고 있다. 결혼이란 나이의 기준, 사랑하는 이성이 있다고 해서 반드시 해야 하는 필연과 필수가 아닌 자신만의 기준에 따라 선택하는 의례로 말이다.

38. 봄꽃의 마음

매년 2월 초, 봄이 시작되는 입춘(立春) 절기이다.

봄이 나가오면 요한 슈트라우스의 왈츠 '봄의 소리'가 떠오른다. 새의 울음소리, 봄바람이 새싹을 스치는 느낌, 푸른 초원에 요정이 장난치는 모습 등 현악기로 표현한 자연의 아름다움이 생경하다.

십이지지(十二地支) 중 봄의 계절은 인묘진월(寅卯辰月)을 말한다. 이중 입춘 절기의 인월(寅月)은 "만물이 처음으로 꾸불꾸불 생겨난다(萬物始生 螾然也)."라는 말처럼 한겨울 동안 차디찬 흙을 뚫고 어린 새싹이 따사로운 봄 햇살을 맞으며 땅에서 솟아오르는 모습을 말한다.

이때가 되면 학생은 새 학기, 직장인은 인사이동과 새로운 업무를 시작한다. 또한 이 무렵 자신의 운명을 알고 싶어 신점이나 역술가 등을 찾는 사람들이 많다.

지난주 양화(陽火) 월에 태어난 내담자가 방문하였다.

그녀는 고향에서 대학을 다녔고 여러 남성을 사귀면서 가까운 친구를 통해 자신의 좋지 않은 소문을 듣게 되었다. 이에 2학년 때 다른 지역으로 편입하였다. 또다시 다수의 남성을 사귀며 구설에 휘말렸다. 졸업과 동시에 좀 더 먼 도시로 이사하여 직장에 입사하였다. 이곳에서도 남자친구를 다시 만나게 되었으나, 자신의 욕구를 좀처럼 충족하지 못하여 유부남을 사귀었고, 결국 배우자가 직장까지 찾아와 큰 파장을 일으켰다.

그녀는 자신의 이성 문제에 대해 진지하게 고민이 되어 상담을 신청한 것이다. 그녀가 태어난 달(月)은 입춘(立春) 절기인 양목(陽木)이고, 양화 양목(陽火陽木) 날 태어났다. 양(陽)의 기운이 강하여 자연 만물의 성장을 돕는 양화(陽火)와 잉태된 만물이 터져 나오는 양목(陽木)이 만나 그녀의 마음은 불꽃 같은 큰 욕망을 갖게 된다.

그녀의 사주 자화상은 봄날 거목에 핀 꽃 같았다. 하지만 자신의 굵고 큰 나무에 핀 꽃은 음화(陽火陰火) 대운을 맞이하면서 바람 부는 봄날에 주변 나무로 이동하여 피는 형국이다. 반면 사주 여덟 글자 중 목오행(木五行)은 인성이 강하여 학문적으로 운이 좋지만, 성격이 급하고 스트레스를 잘 받는 성향이다.

또한, 그녀는 결혼보다 다양한 사람과 연애를 하고 싶다고 말했다. 속담에 "자주 옮겨 심는 나무는 크지 못한다."라는 말처럼 그녀가 진정한 자신의 꽃나무를 원한다면 타인을 통해 욕구를 충족하는 것보다는 자신의 내면을 다스려야 할 것이다. 무의식에서 어떤 감정이 자신을 지배하고 있는지를 말이다.

자신의 커다란 거목에 꽃을 피우지 못하고 주변에 있는 여러 나무로 이
동하며 꽃피었다.

39. 500일의 썸머

지난여름 하늘이 뚫린 것처럼 54일 동안 장맛비가 내렸다. 이에 대한 계절의 보상일까? 10월의 푸르고 맑은 가을 하늘 아래 알록달록 물들어 가는 단풍잎이 잔잔한 호수에 비친 모습은 마치 화폭의 그림을 담아놓은 것 같았다.

이처럼 아름다운 계절이면 어김없이 날아오는 소식이 있다. 바로 결혼을 알리는 청첩장이다. 선남선녀는 가족의 축복을 받으며 혼례를 치르고 행복한 결혼생활을 시작하지만, 일부는 결혼에 앞서 이별도 한다.

2009년 개봉한 마크 웹 감독의 '500일의 썸머'는 로맨틱 코미디 영화이다. 남자 주인공 '톰 핸슨'은 "우연은 우주의 이치다!"라며 자신의 인생을 바꿔줄 운명 같은 사랑을 기다린다. 어느 날 새로 입사한 사장의 새로운 비서 '썸머 필'을 보고 사랑에 빠지지만, 그녀는 다른 남자와 결혼하게 된다. 이에 '톰'은 운명이라는 건 없다고 말했지만 '썸머'는 운명은 있지만 '톰'과는 운명이 아니었을 뿐이라고 했다.

작은 화초는 매번 개화 시기를 농쳐버렸으나 또다시 꽃을 피우려고 초조하게 기다리고 있다.

지난주 상담한 30대 초반의 남성은 마치 영화 '500일의 썸머'와 비슷한 경험을 하였다. 지금으로부터 2년 전, 20대 초반의 대학을 갓 졸업한 신입 여직원이 자신이 근무하는 부서로 배치되었다. 두 사람은 업무차 함께 출장을 다니며 서로 취미가 같음을 알게 되었고 이를 계기로 정보도 공유하고 자료 수집도 함께 다녔다.

내담자는 이것이 바로 운명이라고 생각하며 그녀를 사랑하게 되었다. 이후 연인으로서의 관계를 요구하였지만, 그녀는 직원 관계라 부담스럽다며 친구 관계를 원하였다. 결국, 연인이면서 친구 같은 관계를 유지하였다. 그러나 1년이 지날 무렵 그녀가 점차 만나는 것을 회피하였고, 지난달 다른 남성과 결혼한다는 소식을 들었다.

내담자는 충격을 받아 지방에 있는 지사로 인사이동 신청하였고 지금은 발령 전까지 휴직 중이라고 말하였다.

그는 눈이 많이 내린다는 대설(大雪) 절기에 태어났다. 이 무렵은 월동 준비를 마무리하고 겨울을 맞는 농한기이다. 그의 사주 일간(日干)은 정·편재가 중첩한 재다신약(財多身弱)이다.

반복해서 개화의 시기를 놓친 작은 화초는 또다시 꽃을 피우려고 추운 겨울을 버티고 있다.

그에 말에 따르면 그동안 몇 명의 여성을 사귀는 동안에도 자신의 마음을 적극적으로 표현하지 않았다. 주인공 톰 핸슨이 말한 '우연'보다 '노력'을 통해 얻는 것이 운명이 아닐까 싶다.

40. 결혼 따로 연애 따로

영국의 극작가 윌리엄 셰익스피어의 작품 중에 이루어질 수 없는 사랑을 다룬 '로미오와 줄리엣'이 있다. 원수지간의 숙명 속에서 사랑에 빠진 연인은 결국 비극적인 죽음을 맞이하는 작품이다.

이처럼 두 남녀의 아름답고 애절한 사랑 이야기는 소설이나 영화, 드라마에서 흔히 다루는 소재이다. 그 이면에 감춰진 시기와 질투, 원망과 아픔에 대한 비밀스러운 스토리는 독자의 흥미를 더욱 끌어낸다.

반면 일부 독자들은 고귀한 사랑 이야기보다 파혼과 이혼 등 막장 드라마에 더 열광도 한다.

사실 이런 남녀의 관계가 우리 삶에 고스란히 드러난다. 오랜 기간 상담하면서 과거에는 일부종사(一夫從事) 즉 한 남편, 한 아내만을 섬기는 마음으로 궁합을 보러왔다면, 몇 년 전부터 연인이나 배우자가 있어도 또 다른 이성과의 관계를 궁금해하는 질문이 늘어났다.

지난주 방문한 20대 후반 여성은 2년 전 약혼을 하였으나, 직장생활을 하면서 남자 동료에게 호감과 애틋한 마음이 점점 커졌고, 어느 날부터 사랑의 감정이 생겼다. 이러한 이유로 약혼자를 만나면 이유 없이 짜증을 내고 만나는 횟수도 줄었다고 말했다.

그녀가 태어난 날은 양토(陽土)이며, 절기는 소서(小暑)에 태어났다. 6월의 따뜻한 바람과 함께 여름 장마철이 장기간 머무는 시기로 습도가 높고 비가 많이 내린다. 그리고 뽕나무 열매 이삭이 검붉게 익는 시기다.

일간 양토 오행은 만물이 무성하게 성장하는 성질을 가지고 있으며, 일지(日地)의 양목(陽木)은 생물을 확장하는 형상으로 이 둘의 관계는 활동적이고 개척정신이 강하다. 그러나 여성의 경우 남성적 기질이 강하여 자칫 고집과 거만함이 동반될 수 있다.

그녀가 바라는 것은 약혼자와 결혼하고 동료와 평생 연인으로 지낼 수 없냐는 질문이었다. 그가 태어난 6월은 뽕나무가 개화와 결실을 보는 시기이며 검붉게 익은 열매를 따서 먹은 입술을 까맣게 물들여 놓는다. 이때 무성하게 자란 뽕나무밭은 남의 이목을 피하기 적합한 장소로 청춘남녀가 연모의 정을 나누는 터였다.

그래서 우리 속담에 "임도 보고 뽕도 딴다."라는 말처럼 불륜을 뽕나무로 비유하여 표현한다. 그녀의 사주(四柱) 역시 관성(정관正官, 편관偏官)이 혼잡하여 특정인에게 최선을 다하기보다 자신에게 호감을 표현하는 뭇 남성에게 이성적 보다 감성적으로 행동한다.

마치 붉은 장미 줄기에 자주색 국화가 함께 피는 형국이다.

어느새 화사한 봄과 함께 결혼 시즌이 다가왔지만, '코로나 19'로 인해 온 세계가 예방과 치료에 전념하고 있다. 이럴 때일수록 가장 가까운 동반자의 존재감과 소중함을 느껴보는 건 어떨까?

그녀의 붉은 장미 줄기에 자주색 국화가 활짝 피었다.

41. 예민한 봄꽃

분명 가을 태풍은 위력적이다. 9월에 찾아온 제13호 태풍 '링링'은 강한 비바람을 동반하였다. 이로 인해 상담을 취소하고 그림에 몰두했지만, 강풍에 유리창이 흔들려 집중하지 못했다. 저녁 무렵 몇 해 전 방문했던 내담자로부터 전화가 왔다.

"선생님, 잘 지내시죠? 내일 오전에 시간 괜찮으세요?"

"정말 오랜만이네요. 네, 괜찮습니다."

그녀는 다음날 오전 10시경 상담실을 방문했다. 초등학교 절친 딸 결혼식장으로 가는 길에 잠시 들린 것이다.

그녀는 대학을 입학하면서 같은 학과 남학생과 CC로 2년간 교제하였다. 하지만 성격이 맞지 않아 늘 심하게 다투었고, 결국 헤어졌다. 이후 이성을 만나면 불안감에 깊게 사귀지 못하였다. 어느새 50살이 되었지만, 결혼을 못 한 것에 대한 후회는 없다고 말했다.

그녀의 일간은 음화(陰火)이고 모든 만물이 맑고 밝은 청명(淸明) 절기에 태어났다.

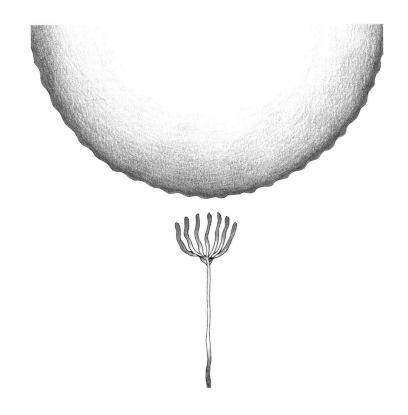

그녀의 꽃잎은 너무 강렬한 태양열에 모두 떨어져 씨앗을 키우지 못했다.

일간 음화(陰火)는 태양처럼 빛을 강하게 내뿜는 것이 아니라 등촉화(燈燭火)를 상징하듯 어두운 곳에 빛을 은은하게 비춰준다. 따라서 겉은 연약하고 조용하며 타인에게 무관심한 것처럼 보이지만, 실상 내면은 자존심이 무척 강하고 예민하다.

태어난 계절은 농가에서 봄 일을 시작하는 때이다. 따라서 토양으로 수(水)오행이 깔려있어 일간의 따스한 불빛 화(火)오행이 약해지는 형상이다.

또한, 태어난 월간(月干)의 양화(陽火)와 일지(日支)의 음화(陰火)오행이 불꽃과 불씨의 관계로 비치는데 이는 밝은 겉모습과 날카롭고 집요한 두 가지 성향이 공존한다.

여기에 주변 지지의 화(火)오행이 더해지면서 자신이 옳다고 생각하는 것은 참지 않고 꼭 말로 표현하였다. 이런 자신을 너무 잘 알기에 누군가를 만나는 것이 두려웠을 것이다.

그리고 그녀의 일주는 고란살(孤鸞殺)이다. 음화(陰火) 일주 고란살은 화기(火氣)가 강하여 관성인 수기(水氣)를 약하게 한다. 게다가 식상이 중첩되어 있어 자신의 주관과 고집이 세게 작용하였다.

이런 경우 늦게 결혼하면 해로한다고 말하지만, 그보다 급한 성격과 날카롭고 집착하는 성격을 다스린다면 좋을 것이다.

42. 의심 품은 씨앗

2019년 12월 중국 우한에서 처음 발생한 코로나 19가 일 년이 다 되어가지만, 오늘 확진자가 1천 명이 넘었다. 사회적 거리 두기, 선별진료소, 생활치료센터 등 생소했던 단어들도 이제는 익숙해졌고, 실내에서 마스크를 착용하는 모습마저 우리의 생활이 되었다. 이 같은 사회적 변화는 개인의 삶까지 영향을 주었다.

지난 3월, 40대 초반의 여성이 상담을 원했지만, 당시 코로나바이러스 확산으로 방문하지 못했다. 요즘 들어 우울·불안이 심해져 방문하겠다고 연락을 받았다.

그녀는 중학교 3학년 때 자퇴하여 검정고시로 고등학교에 진학하였다.

그러나 학교에 적응하지 못하고 또다시 검정고시를 통해 대학에 갔다. 그리고 두 번의 편입학을 하고 학위를 받았다.

직장은 외국계열 회사에 취업하였고, 여러 나라를 출장 다니며 일하는 것에 만족감을 느끼고 있었다. 그러나 최근 우울감이 심해 고생한다고 말했다.

또한, 결혼에 대해 고민하고 있었다. 중학교부터 대학교까지 전학과 자퇴 그리고 편입을 반복하면서 이성도 쉽게 만나고 헤어졌다. 이런 경험으로 남성에 대한 부정적 감정이 결혼까지 영향을 주었다고 말했다.

몇 가지 심리검사를 하였다. 우울은 정서·인지·행동·생리 등 모든 영역에서 높은 수치를 보였으며, 행동검사는 타인과 협력하여 업무를 추진하기보다 자신이 정한 기준대로 독자적으로 문제를 추진하고 해결하려고 했다. 그러나 일이 뜻대로 풀리지 않으면 매우 공격적으로 변하였다.

그녀의 일간 양화(陽火)는 무척 밝은 빛으로 모든 곳을 구석구석 비추는 태양과 같았다. 태어난 계절은 공기가 점점 차가워지고 찬 이슬이 맺힌다는 한로(寒露) 절기이다.

그래서 일주(日柱)의 양화양목(陽火陽木)은 넓은 들판에 태양이 비추는 모양으로 성격이 밝고 대인관계가 좋다. 그러나 일지의 형·충과 탕화살이 작용하여 화를 참지 못하고 히스테리 성향을 보인다. 이로 인해 그동안 쌓아 놓았던 좋은 인성을 한 번에 잃어버렸다. 거기에 월지와 대운에서 토오행을 맞이하면서 심리적으로 불안이 커졌다.

이때 자신을 객관적으로 분석해야 한다. 그녀처럼 다양한 사람 등과 경험하면서 형성된 부정적인 마음을 자신의 문제보다 타인의 문제로 합리화할 경우 '운 탓', '남 탓'이 될 수 있다.

진실된 자아를 찾는다면 우울하고 불안한 감정에서 벗어나지 않을까 싶다.

꽃씨는 건조한 토양에 내려앉지 못하고 바람에 실려 오랜 기간 떠 있
었다.

연애와 외도

내담자들이 대학 입시나 승진은 특정한 시기에만 궁금해하지만, 연애와 외도 등 이성의 고민은 언제나 알고 싶어 한다. 얼마 전 두 명의 중년여성이 방문하였다. 그중 한 여성이 애인을 사귈 수 있는 운명(運命)인지 호기심과 궁금증이 가득한 눈으로 질문하였다.

외도는 '혼외 성관계', '바람을 피운다', '불륜', '간통 또는 간음', '오입(아내가 아닌 여자와 성관계를 함)' 등 다양하게 표현하며, 불륜의 성립 조건은 둘 중 한 명은 기혼자이고 성관계가 동반된다. 이런 행위는 부부간의 계약을 위반한 것으로 대부분 불륜 행위를 목격한 상대방은 배신감과 상처로 이혼을 결심한다.

그럼 외도는 왜 하는가?

이에 대한 원인은 매우 다양하고 복잡하지만 대부분 충동적으로 또는 실수, 단순 호기심, 부부간 서로 욕구가 충족되지 않아 생긴 갈등 등 여러 가지로 유추할 수 있다.

Subotnik & Harris는 외도를 일시적 외도, 연쇄적 외도, 낭만적 외도, 장기적 외도로 분류하였으며, 정서적 관계일 경우 장기간의 외도로 발전한다고 말하였다.

명리학에서 남녀의 연애와 외도를 판단하는 기준을 살펴보면 십성(육친)

론, 신살론, 대운과 세운의 합·충, 길흉관계 등을 고려하여 판단한다. 그리고 특정 시기 복합적일 때 사건이 생긴다.

43. 순수의 시대

왜 그랬을까? 그녀는 진정으로 사랑했지만, 선택하지 않았다.

지난주 방문한 40대 초반의 여성 내담자가 상담을 받고 돌아가면서 영화 「순수의 시대」를 관람했냐고 질문하였다. 그리고 자신의 운명이 '메이 웰랜드'와 '엘렌 올렌스카' 두 여성 중 어느 쪽에 가까운지 알고 싶다고 말했다.

미국 여류 소설가 에디스 와튼이 1920년 발표한 『순수의 시대(The Age Of Innocence)』는 이듬해 퓰리처상 소설 부문에서 수상한 작품으로, 오만하고 우아한 뉴욕을 배경으로 펼쳐진 사랑 이야기이다.

이를 1994년 마틴 스콜세지 감독이 영화로 제작하였으며 배경은 보수적이고 가부장적인 1870년 뉴욕 사회다. 줄거리는 변호사 아처 뉴랜드와 약혼자(부인) 메이, 사촌 엘렌 세 사람의 연애 가치관을 묘사하였다.

내담자는 20대 후반에 결혼하여 중소도시에서 가정을 꾸려 두 딸을 출산하였다. 대학 졸업 이후 취업한 직장에서도 열심히 근무하였다. 신입 시절부터 동기들보다 업무와 연구 성과가 높아 일찍 중간관리자가 되었다. 또한, 같은 직장에서 만난 남편과 열심히 생활하여 지금은 경제적·시간적 여유가 생겼다.

그리고 올해 봄 인근 대도시에서 쇼핑하던 중 결혼 전 사랑했던 연인을 우연히 만났다. 둘은 몇 번을 만나면서 다시 사랑의 감정이 깊어졌고, 이런 자신에게 의문을 품게 된 것이다.

그녀는 24절기 중 열세 번째 입추(立秋) 절기에 태어났다. 이때는 무더운 여름이 지나 서늘한 가을이 들어서는 시기이다.

여름과 가을 두 계절이 공존하는 것처럼 말이다.

그녀가 태어난 월지는 금오행(金五行)으로, 정관격(正官格)이다. 정관은 어떤 일이건 침착하고 차분하게 처리하며 명예와 체면을 중시한다. 그리고 변화보다는 안정적인 삶을 추구한다.

이처럼 격(格)의 구조만 보았을 때 타인에게 자신의 감정을 표출하지 않고 자연스럽게 억제하는 성향이다. 그런 그녀가 네 개의 지지가 충(沖)·파(破)·해(害)로 서로 부딪쳐 충돌하고 일간의 천간이 합(合) 되는 특정 시기에 엘렌의 마음을 갖은 것이다.

며칠 후 내담자에게 연락이 왔다. 자신은 두 사람 중에서 "누구인 것 같나요?"라고 질문하였다.

어쩌면 그녀의 사주 자화상은 정원에 잘 가꾸어 놓은 관상용 줄기 묘목 같았다. 사계절 내내 꽃 피지 못한 묘목은 담장 넘어 핀 야생화를 일시적으로 원했던 것은 아닌가 싶다.

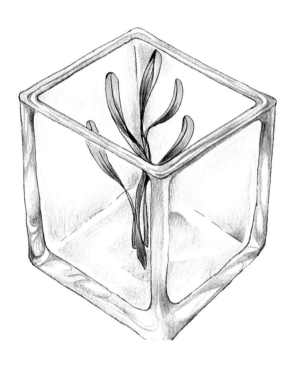

그녀의 묘목은 정사각형 유리병에 담아 정원에 진열해 놓았다. 가지는
더 자라지 않아 매 순간 다듬어 놓은 것처럼 보였다.

44. 지금은 외출 중, 아내

'명리와 심리'라는 인문학 강의 요청을 받았다. 이른 새벽 출발하여 목적지에 도착하였다. 강의실에는 약 200여 명의 직원이 앉아 있었으며, 강의를 마치고 밖으로 나오는 길에 30대 초반의 여성이 따라 나왔다. 그녀는 "잠시 시간을 내주실 수 있나요?"라고 말하였다.

거절할 수 없을 만큼 어두운 표정이었다. 자초지종이라도 들어보자는 심정으로 그녀와 가까운 커피숍에서 잠시 이야기를 나누었다.

그녀는 결혼한 지 1년이 다 되어간다고 말했다. 배우자와 대학 선후배 관계였고, 약 3년간의 연애 끝에 결혼하였다. 그러나 결혼하고 6개월이 지날 즈음부터 서로 소홀해지기 시작했다.

그 이유는 시어머니가 시댁 근처에 신혼집을 장만해주었고, 결혼 이후 잦은 방문과 간섭으로 스트레스를 받았다고 말했다. 이로 인해 남편과 자주 싸우게 되었고, 결국 참지 못하고 집을 나와 별거 중이다.

이후 같은 부서 남자 직원과 가까워져 잠깐 깊은 관계까지 갔지만, 지금은 헤어졌고 같은 공간에 근무하는 것이 불편하다고 말했다.

그녀는 말하는 내내 불안하듯 손톱을 물어뜯었다.

그녀의 붉은 태양은 흐르는 물줄기 마다 다른 색상으로 비췄다.

행동유형검사 결과 모든 일을 신중하고 정확하게 처리하는 성향이었다. 반면 자기에게는 관대하고 남은 안 된다는 이기적인 마음과 타인에게는 엄격한 기준으로 평가하고 분석하는 자기중심적 기질이었다.

그녀의 일간은 양화(陽火)이며, 동쪽에서 바람이 불어 얼은 땅이 녹아 봄이 들어선다는 입춘(立春)의 계절에 태어났다. 양화(陽火)는 타오르는 불꽃처럼 만물을 밝히고 양목(陽木)은 만물을 잉태한다. 이런 경우 성격이 활발하고 스케일이 커 보이지만 내면은 여리다.

또한, 일간 특성은 타인에게 잘 베풀어 원만한 듯 보이지만, 평소 자신이 최고라는 생각으로 타인을 무시하며 경솔하게 행동한다.

그녀는 일간을 제외한 나머지 천간은 편관(偏官)이 혼잡하게 되어있다. 이처럼 양화양목(陽火陽木) 일주에 편관이 강할 경우 남성에 대한 소유욕이 크고 자기방어적 본능이 강하게 작용한다. 또한, 그녀의 일간은 이중적인 마음이 자리 잡고 있다. 평소 다정다감하고 동정심이 많지만, 운(運)의 변화에 따라서 성급하고 이기적으로 변한다.

그녀는 지금 집으로 돌아가야 할지, 아니면 이혼하는 것이 맞는지 고민 중이라고 말했다. 선택에 앞서 부부갈등 개선을 위해 서로 노력하고 그 결과에 따라 결정해도 늦지 않을 것이다.

45. 기나긴 사랑

내일은 더위가 물러간다는 처서(處暑)이다. 신선한 가을바람을 맞으며 상담실에 걸어가는 도중 갑자기 내린 소낙비에 흠뻑 젖었다.

"어머, 비 많이 맞으셨네요. 괜찮으세요?"

낯이 익은 여성의 목소리였다. 10년 전, 주의력결핍 과잉행동장애(ADHD)를 겪고 있는 두 아들을 상담하기 위해 반년 동안 상담실을 찾았던 어머니였다.

그녀는 가족 심리상담 과정에서 자연스레 자신의 운명에 관심을 두게 되었고, 매년 이맘때쯤이면 찾아와 푸념을 늘어놓거나 도움을 요청하곤 하였다. 그녀도 어느덧 40대 중반이 되었다.

그녀는 가정 형편이 어려워 대학 진학을 포기하고 고등학교 졸업 후 다음 해 5월 대기업에 합격하여 일찍 직장생활을 시작했다.

입사한 지 2년 뒤 사내 결혼을 하였으나, 배우자가 다른 지역으로 발령 나면서 주말부부를 시작하였고, 다음 해 같은 직장 내 남자 직원과 돈독하고 은밀한 관계가 시작되었다. '오피스 허즈번드(Office Husband)'로 사실 그보다도 더 깊은 연인의 관계였다.

그녀의 이중생활은 20여 년 동안 지속하였고, 지난달 남편에게 이혼을 요구하였으나, 완강하게 거부하여 소송으로 번지게 되었다.

그녀의 일간은 양목(陽木)이고, 공기가 점점 차가워지며 찬 이슬이 맺히는 한로(寒露)의 계절에 태어났다.

일간 양목(陽木)은 큰 기둥의 나무처럼 위로 뻗어 오르려는 기질로, 성격 또한 곧고 책임감을 느끼지만, 타인에게 잘 굽히지 않고 간섭이나 구속을 당하지 않으려고 한다.

그녀 사주의 특징은 천간(天干)에 두 개의 양금(陽金)과 지지(地支)에 토양이 다른 두 개의 양토(陽土)가 자리를 잡고 있다

여기서 천간의 양금(陽金)은 계절이 다른 지지의 양토(陽土)에 올라서 있다. 한쪽은 보수적 성향이 강한 토양이고, 다른 쪽은 진보적 성향이 강한 땅이다.

그녀는 진보적인 토양 위에 있을 때 삶에 생기 넘치고 마음이 편안하다고 말했다.

그녀의 일간 마음은 타인의 간섭을 받지 않고, 자기가 하고 싶은 데로 움직이는 성향이다. 그래서일까 늘 혼자 사는 것이 마음이 편안하다고 말했다.

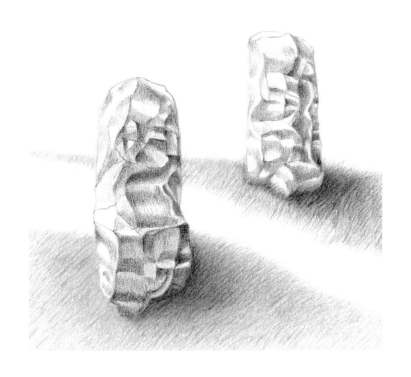

그녀의 봄 땅과 가을 땅 위에는 큰 바위가 하나씩 놓여 있다. 그러나 그
녀가 느끼는 두 바위의 존재감은 확연히 달랐다.

이혼과 재혼

이혼은 사전적 의미로 '부부가 그 혼인 관계를 해소하는 일' 또는 '서로의 합의나 재판에 따라 혼인 관계를 끊는 것'으로 정의한다.

2019년 통계청 인구 동향조사를 살펴보면 이혼 건수는 110,831건이고 매년 약 2% 이상 증가하고 있다. 그리고 초혼이 183,962명이고 재혼은 남편 39,443명, 아내 44,500명이며 최근에는 황혼이혼이 증가하는 추세다.

2017년 이혼 건수는 106,032명이고 이혼 사유로는 성격 차이 43%, 경제문제 10%, 배우자 부정과 가족 간 불화가 각각 7%였고 그 외 학대, 건강 문제 등이었다.

특히 배우자의 부정한 행위, 이유 없는 일방적 이탈, 직계존속에 의한 부당한 대우(신체 또는 정신적 학대와 모욕) 등으로 이혼을 했어도 정신적 고통을 앓고 있다.

이혼은 순간적으로 결정하는 것이 아닌 오랜 기간 타협과 포기의 단계를 거치며 이 과정을 통해 배신감과 체념을 경험한다. 또한, 가족해체는 자녀들에게도 부정적인 영향을 끼쳐 개인의 감정에 변화를 준다.

부부의 궁합은 명나라 임소주가 펴낸 『천기대요』〈혼인문〉편에 궁합론이 처음 등장하였고 간지의 상생·상극 관계를 본다.

초기에는 남녀 관계를 년주 중심으로 비교하였다면 이후 사주의 근묘화

실(根苗花實) 또는 원형이정(元亨利貞)의 이론을 바탕으로 결혼과 이혼, 별거 등의 시기를 판단한다.

또한, 십성의 이론을 적용하여 여성은 식상(자식)과 관성(배우자), 남성은 재성(배우자)과 관성(자식)을 우선 살펴본다.

예를 들어 여성의 경우 관성(官星)이 연주에 있으면 일찍 결혼하고, 월지에 식상(食傷)이 있으면 자녀를 출산하고 배우자와 관계가 소홀하게 된다. 또한, 남성의 경우 배우자인 재성(財星)이 무재사주(無財四柱)인지 반대로 재다신약(財多身弱) 인지 등을 살펴보고 감명한다.

이처럼 자신과 배우자의 기운을 보고 연애, 혼인, 이혼, 재혼 등 남녀 간의 운명(運命)을 해석한다.

46. 폭력의 결말, 이혼

5년 전 언론사 요청으로 「이름과 운명」이란 칼럼을 집필하면서 이름 감명이나 개명을 위해 찾는 이들이 늘어났다.

유난히 추웠던 그해 2월, , 「모음은 신뢰와 매력」이란 칼럼을 읽은 독자가 이름 감명을 의뢰했다. 그리고 며칠 후 상담실을 방문한 그녀는 40대 중반이었으며, 단정한 옷차림과 말투에서 직장인임을 바로 알 수 있었다.

그녀는 작은 어촌 마을에서 태어났다. 부모의 학구열로 중학교 때부터 대도시에서 거주하였고, 고등학교 졸업과 함께 공기업에 취업했다. 20대 초반 중매로 일찍 결혼하여 한 명의 딸을 출산하였다.

하지만 신혼 초부터 남편의 폭언과 폭력으로 더는 참을 수 없어 아이가 10살이 될 무렵 이혼소송을 통해 부부관계를 정리하였다.

홀로 자녀를 양육한 지 15년, 외롭다는 생각에 몇 명의 남성을 소개받고 사귀었지만, 그때마다 잦은 다툼은 폭행으로 이어졌고, 늘 좋지 않게 헤어졌다.

심리검사 결과 자신보다 타인에 대한 이해심과 배려심이 깊었다. 반면 업무를 스스로 주도하기보다는 타인에게 의존하는 성향이 높았고 외적으로 너그러워 보였지만, 내적으로는 무척 민감하고 예민했다.

일간은 양토(陽土)이며, 모내기와 보리 베기에 알맞은 망종(亡種) 계절에 태어났다. 오월의 양토(陽土)는 한여름 무더위와 가뭄으로 화(火)가 기승을 부리는 계절이다. 또한, 일간 양토양금(陽土陽金)의 물상은 큰 산에 철광석이 매장되어 있는 형국으로 커다란 자질과 잠재력이 있다고 본다. 여기에 자존심이 강하고 성실한 외유내강(外柔內剛)형으로 겉은 부드러워 보이지만 내면은 강하다.

반면, 일지 양금(陽金)은 관성(官星, 배우자)이 절(絶), 공망(空亡), 고란살(孤鸞殺)로 중첩되어 있었다. 그래서일까 신혼 초부터 배우자와 갈등이 생겼고 자녀를 출산한 뒤 이혼하였으며, 이후에 만나는 남성들과 유사한 일을 겪었다.

그녀는 상담을 마치고 자리에서 일어나며, 좋은 남자친구는 언제쯤 만날 수 있는지 궁금해하였다. 그녀의 대운을 살펴보고 5년 이후 연락을 달라고 말했다.

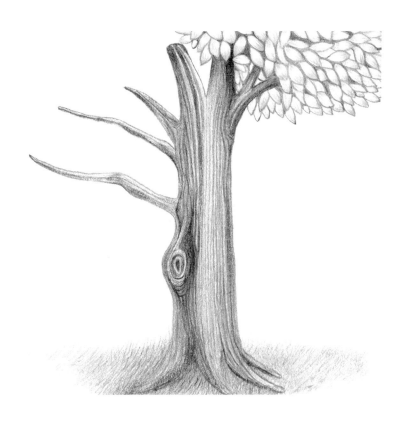

그녀의 오른편 풍성한 사회성 나뭇가지와는 정반대로 왼편 부부 자리의
나뭇가지는 잘려나간 형국이다.

47. 두 번의 이혼, 집착

대런 아로노프스키 감독의 2010년 영화 「블랙스완(Black Swan)」은 주인공 니나의 '완벽'을 추구하는 발레리나 이야기다. 그녀는 어머니의 양육방식에 의해 욕망을 억제하며 살았고, 이로 인해 완벽하게 백조를 연기하였다. 그러나 흑조까지 1인 2역 연기에 도전하면서 욕망이 집착으로 변하는 내면세계를 다룬 작품이다.

이처럼 집착으로 두 번의 이혼 경험을 한 50대 초반의 여성 내담자가 찾아왔다. 그녀는 대학 졸업 후 바로 결혼하였고, 두 명의 딸을 출산하였다. 그러나 큰 자녀가 17살 되던 해 이혼하였다. 그리고 4년 후 재혼하였으나, 2년 후 다시 헤어졌다. 이유는 자신의 '집착' 때문이라고 말했다.

그녀는 집착하는 이유에 대해 어린 시절 친모가 사망하고 친부 홀로 양육하였으며, 엄격하고 보수적인 가정환경 탓이라고 말했다.

어쩌면 친모와 애착 관계가 미처 형성되지 못한 채 갑작스러운 이별로 인해 정서적 우울과 불안감이 작동했을 것이다. 이런 불안정 애착은 결혼 후 배우자에게 영향을 끼쳤다.

심리검사 결과 정서적 우울감이 높았으며, 행동 유형은 매사 모든 일에 신중하고 정확하며 완벽을 추구한다. 또한, 자신이 정한 기준에 맞지 않으면 반복적으로 강압적인 행동을 보였다.

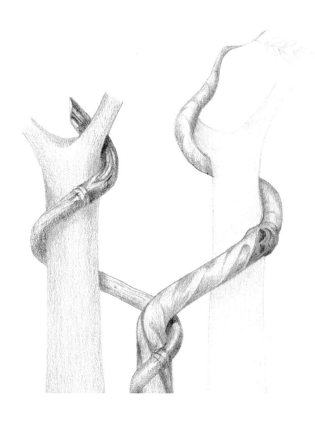

넝쿨 가지는 주변 나무에 올라타며 자신이 힘들고 지칠 때마다 날카로운 도구로 변하여 스스로 잘라버렸다.

그녀의 일간은 양금(陽金)이며, 우수와 춘분 사이의 땅속에서 겨울잠을 자던 동물들이 깨어나 꿈틀거리기 시작하는 경칩(驚蟄)에 태어났다.

일지(日支) 양목(陽木)은 이른 봄이며, 태어난 달(月) 음목(陰木)으로 무르익어 가는 봄의 계절이다. 이에 주변 목오행(木五行)이 이어지면서 봄의 기운이 무척 강하게 형성되었다. 그 결과 일간 양금(陽金)은 기능을 잃게 되었다. 이를 목견금절(木堅金切)[4]이라고 말한다.

즉, 그녀의 겉모습은 과감하고 위세가 당당하여 강해 보였지만, 내면은 쇠약하고 예민하여 스스로 포기하는 형국이다. 그래서 자기 스스로 집착을 만들었다. 참고로 일지는 절궁(絶宮)에 놓여 있다. 이런 경우 부부싸움을 하면 서로 양보하려고 하지 않아 해로하기 어렵다.

만약 가정폭력 등 법적 분쟁의 사건이 아닌 성격 문제라면 자신의 심리적 불안의 원인을 찾아야 한다. 또한, 재혼으로 형성된 가족의 경우 각각 다른 환경에서 자란 자녀들도 서로 이해하는 시간이 필요하다.

이런 과정을 통해 서로의 소중함을 느낄 것이다. 그리고 과거와 현실에서 벗어나지 않으려는 집착하는 마음의 원인을 찾아야 한다. 그럼 부부의 운명도 긍정적으로 바뀔 것이다.

---

4) 목견금절(木堅金切): 목오행(木五行), 즉 나무가 지나치게 견고하여 금오행(金五行)이 부러진다는 뜻이다

48. 킬리만자로의 나무

혜밍웨이의 단편소설 『킬리만자로의 눈(雪)』은 아프리카 사냥 여행을 하면서 생각지 못한 부상으로 죽음을 맞이한다. 이 과정에서 자신의 삶을 되돌아보며 고독과 죽음, 꿈과 좌절 등 내면세계를 표현하였다.

한편 킬리만자로는 아프리카 대륙 최고봉으로 휴화산이며 만년설에 덮여 있는 백산(白山)이다.

오늘 방문했던 40대 중반 여성의 사주를 보니 눈 쌓인 백산에 외로이 서 있는 한 그루 나무 같았다. 마치 인생의 좌절과 고독을 심어놓은 나무처럼 말이다.

그녀는 서울에 소재한 대학에서 시각디자인을 전공하였고 졸업과 동시에 사회생활을 시작하였다. 직장 상사의 소개로 배우자를 만났으며, 서로 첫눈에 반해 결혼을 전제로 2년 동안 만났다. 결혼식 전날, 남편이 다른 여자와 사귀고 있음을 알게 되었다.

더욱 놀란 것은 상대 여성이 임신한 사실이었다. 그녀는 결혼을 포기하려고 했지만, 자신보다는 친정 부모에게 마음의 상처를 주지 않으려고 결혼을 선택했다. 그리고 임신하여 자녀를 출산하였다.

그러나 남편은 상대 여성이 낳은 자녀와 또 다른 가정을 꾸렸고, 집에 들어오는 날이 점점 줄었다. 자녀가 고등학생이 되던 해 이혼을 결심하였다. 지금은 직장생활을 하면서 자녀와 함께 친정에 거주하고 있다.

그녀가 태어난 계절은 가을 잎이 떨어지고 들판에는 겨우내 소먹이를 쓸 볏짚이 놓여 있고, 가정에는 한겨울 동안 먹을 김장을 준비하는 입동(立冬) 절기다.

또한, 일주의 천간과 지지는 음양과 오행이 같은 간여지동(干與支同)으로 자존심이 강하여 타인에게 의존하지 않고 모든 것을 자기 홀로 해결하려고 한다.

또한, 고란과 탕화살에 상관 대운을 맞이하면서 부부는 각자의 길을 갔다. 그래서 일간의 커다란 나뭇잎은 모두 떨어지고 앙상한 가지만 드러내어 겨울을 맞이하였다.

그녀는 법원에서 이혼 결정되던 날 다시 찾아왔다. 많이 지쳐 보였다. 앞으로는 자신의 자존심을 내세워 어려운 일을 혼자서 해결하기보다 주변인과 함께하는 삶을 펼치는 것이 좋지 않을까 싶다.

높은 산꼭대기 홀로 선 나무 한 그루, 매섭게 불어오는 눈보라를 고스
란히 맞고 있었다.

49. 결혼, 때(時)의 기다림

"결혼은 뭘까, 이혼은 또 뭐고." JTBC 금토 드라마「부부의 세계」에서 지선우(김희애 님)와 고예림(박선영 님)이 나눈 대사이다.

과연 선택의 기준은 무엇인가? 그 선택이 잘못된 것을 알면서도 합리화시킨다. 때로는 타인에게 비난받을지 알면서도 자신의 결정이 최우선이라고 유리한 쪽으로 해석한다.

지난주 최악의 시기에 결혼한 40대 여성 내담자가 찾아왔다. 그녀 사주 자화상은 이른 시기에 개화한 여름꽃 같았다.

그녀는 2000년에 결혼하였고, 20년이 지난 기해년(己亥年) 재판 이혼소송으로 이별했다. 약 20년 동안 부부가 함께 거주한 기간은 2년도 채 안 되었다고 억울함을 토로했다. 또한, 자신은 결혼 전부터 현재까지 직장을 꾸준히 다녔지만, 남편은 결혼한 지 일 년 만에 사업한다고 직장을 그만두었다.

그리고 20년 동안 무직이었다. 그래서 남편에게 단 한 번 생활비를 받아 본 적이 없었다. 더욱더 속상했던 것은 이혼소송 결과 위자료를 받기보다 남편에게 준 것이다.

그녀는 결혼 기간 한 남편을 위해 헌신하였지만 단 한 번의 사랑을 제대로 받아보지 못했고, 결국 홀로 남은 자기 자신에게 너무 화가 났다.

일찍 개화한 그녀의 꽃잎은 강렬한 태양 빛에 다른 꽃보다도 바짝 타들
어 갔다.

그녀는 작은 더위를 맞이하는 여름에 태어났다. 이 시기는 한반도에 장마전선이 머무르고, 태풍의 영향으로 비가 많이 내리는 소서(小暑) 절기이다. 그래서 이때는 습도가 높고 무더위가 본격적으로 시작하는 계절이다. 또한, 일간과 월간은 모두 양화(陽火)로 화(火)오행이 가득 채워져 더욱 뜨거워지는 시기에 태어났다.

그녀가 결혼한 때는 대운과 세운(世運)에 토오행이 가득할 때였다. 즉 화염토조(火炎土燥, 화의 열기가 지나쳐서 땅이 마르고 메말라 갈라진다는 의미)가 되어 형극과 고독한 시기에 남편을 맞이한 것이다.

자칫 일지가 식재관이라고 하여 남편 덕이 있다고 말할 수 있지만, 재성이 강해지면 오히려 그녀의 관성은 제어되지 않고 살(殺)이 된다.

강태공이 남긴 "복수불반분(覆水不返盆, 엎어진 물은 그릇에 다시 담을 수 없다)"이라는 유명한 말처럼 한 번 선택한 것은 두 번 다시 되돌릴 수 없다. 이처럼 결혼은 물론 세상사 모든 일에 '때(時)'를 알고 선택하는 것이 필수 조건이 아닐까 싶다.

관료(官僚)의 길

직업에 귀천이 없다고 말하지만, 우리 사회는 직업의 높고 낮음을 평가한다. 이 같은 이중적 잣대는 개인의 차이인가 시대적 기준인가? 어쩌면 개인의 가치관보다 시대적 환경변화에 따른 보편적인 시각이 더 클 것이다.

지난해 12월 한국고용정보원의 『한국직업사전 통합본 제5판(12~18년)』 자료에 직업 종류는 총 16,891개로 설치·정비·생산직종(5,946)이 가장 높았고, 보건·의료직종(306)이 가장 낮았다.

또한, 새로운 직업은 약 5,000여 개 등장하였으며 이는 4차 산업혁명, 인구구조의 변화, 직업의 세분화, 정부 정책에 의한 결과였다. 이 같은 변화는 과학기술의 급속한 발전과 산업구조에 따른 것이다. 반면 영화필름 자막제작원 등 18개 직업은 종사자가 없어 소멸하였다.

이처럼 직업이 시대적 흐름에 따라 생성되고 소멸하지만, 관료(官僚)에 대한 선호만큼은 변함이 없다. 게다가 현 정부가 '큰 정부' 만들기 정책을 펼쳐 공시생도 꾸준히 증가하고 있다.

관(官)은 신하의 무리·기관·공직자·벼슬 등을 의미하며, 삼국시대 관등제도를 시작으로 현재는 더욱 다양한 조직 체계를 갖추고 있다. 과거의 관료는 족벌과 양반 문화, 토호 세력 등 개인의 능력보다 권문세족 중심의 사회였으나, 1894년 갑오개혁 이후 관노나 노예제도의 영향으로 점차 변화되었다.

하지만 1995년 민선 지방자치단체장 선출 이후 선거에 참여한 학연, 지연 등 특권세력이 형성되면서 공직사회에 깊이 관여하고 있다.

공무원 선서에 "헌법과 법령을 준수하고, 국민에게 봉사하며 임무를 성실히 수행한다."라고 명시되어 있다. 이에 개인의 이익과 독자적 행동을 배제하지 않을 수 없다. 따라서 명리학에서 공직자는 태어난 여덟 글자에 정관(正官)이 있는지 가장 최우선으로 살펴본다.

정관은 일간(日干)인 나를 극하는 오행을 말한다. 자신을 잘 관리하고 합리적이며 원리원칙을 고수하고 약자를 보호하는 모범적인 의미가 있다. 반대로 정관과 편관이 없는 사주는 자제력이 없다고 본다.

공직자는 적성과 승진 조건으로 관인격(官印格) 또는 관인상생(官印相生, 정관이 인성을 생조하는 형상)을 갖추어야 좋다.

필자가 공무원 1차 시험 합격자를 대상으로 면접할 때 "공무원을 지원하게 된 동기가 무엇입니까?"라고 질문을 던지면, 대부분 정년보장, 워라벨 등 자신의 안정적인 삶을 위해 지원하였다고 말한다.

지난해 H 일간지가 입사 후 5년 이내 퇴사자를 조사하였다. 서울시 25개 구(區)를 대상으로 입사 후 5년(2013~2017년) 이내 퇴사한 공무원은 432명에 달하며, 전국적으로 매년 조기 퇴사자가 늘어나고 있다.

경쟁 아닌 경쟁의 시대, 자신이 선택한 직업을 바꾼다는 것이 쉽지 않았을 것이다. 이에 공직자라면 개인의 삶보다 국가와 국민을 위해 봉사하는 직업이라는 점을 알고 선택해야 한다. 그런 다음 국가와 지방, 조직의 규모와 정책 방향을 알고 선택한다면 운명이 아닌 '필연'일 것이다.

50. 새내기 면접하는 날

지난 3월, C 사로부터 신입사원 채용 면접위원으로 선정되었다. 그동안 면접관으로 활동하면서 선발 대상자 중 고향 또는 대학교 후배가 있는지 호기심 반 설렘 반으로 지원신청 서류를 살펴보았다.

하지만 얼마 전부터 출신 학교, 지역, 혼인 여부, 재산과 부모, 형제의 학력 등 개인정보는 물론 신상정보도 묻지 않는 블라인드 채용 방식을 취하면서 지원자에 대한 궁금증은 예전 같지 않다.

기차에서 질문 내용을 꼼꼼히 살펴보고 회사가 위치한 광화문 방향으로 부지런히 발걸음을 옮겼다. 면접장에는 필기시험에 합격하고 최종 면접을 기다리고 있는 13명의 명단과 관련 서류가 놓여 있었다.

오전 10시, 면접위원 3명이 나란히 앉아 있는 장소에 첫 면접 대상자가 들어왔다. 5분 동안 자기소개하고, 약 20분 동안 전문분야를 질문하였다. 어느새 6번째 여성 면접 대상자가 들어왔다.

그녀는 면접위원의 공격적인 질문도 망설임 없이 또박또박 답했다. 나는 "최근 한 달 이내 가장 많이 떠오르는 단어가 무엇입니까?"라고 질문하였다. 그녀는 "스트레스입니다."라고 답했다.

덧붙여 어떤 일을 완벽하게 마무리하거나 정리하지 않으면 불안함이 몰려온다며, 예전에 심리상담을 받았지만, 지금은 권투 등 격한 운동으로 해결한다고 말했다.

거침없는 말투와 자신감 넘치는 그녀의 모습에 시선이 몰렸다. 그래서 일까 필자는 그녀의 인성검사를 자세히 살펴보았다.

심리·행동·태도·대인관계 등 4개 영역의 분석 결과, 다른 12명 면접 대상자보다 '충성심'이 가장 높고, 반대로 '성실성'은 가장 낮았다.

그녀가 태어난 계절은 모내기와 보리 베기, 밭갈이하는 망종(亡種) 절기에 태어났다.

이 시기 만물의 성장이 최고조에 도달하여 형체를 갖추어 번성하는 때이다. 또한, 그녀의 일주 지장간은 관인비 구조이다. 전형적인 조직 생활을 하는 직장인 구조라서 바르고 정직하며, 상명하복의 형상이다.

그러나 그녀가 태어난 오월(五月)은 화왕토조(火王土燥, 화의 기운이 왕성하여 땅이 건조해짐)로 강한 화 기운을 담고 있다. 이로 인해 일간 음금(陰金)은 화기(火氣)에 녹아 버려 성격이 까다롭게 변하고 타인에게 불평불만을 하게 된다.

다행히 정관(正官)의 성향도 강하다. 이를 잘 유지하고 토와 수오행이 강해지는 시기에 조급하고 까다로워지는 마음을 조절한다면 직장인으로는 최고의 일주이다.

오후 6시, 회색 건물을 빠져나오니 샐러리맨들도 물밀 듯이 밀려 나왔다. 그들의 지친 표정과 축 처진 뒷모습을 보니 어깨라도 두들기며 위로해 주고 나도 위로받고 싶었다.

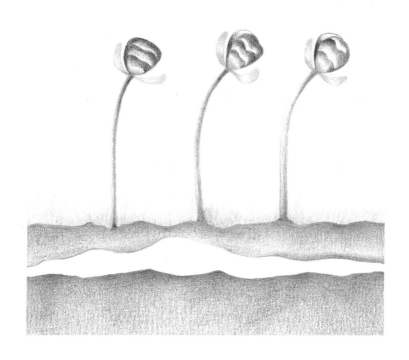

화분에 심은 꽃들은 빛의 방향에 따라 동일하게 움직였다.

51. 손잡이 없는 승진 도장

비가 시원하게 내린다. 장마는 낮이 가장 길고 태양이 가장 높다는 하지(夏至) 즈음에 고기압과 오호츠크해 기단의 현상으로 오랜 기간 지속해서 비가 내린다. 집안 공기가 눅눅해지고 외출 때마다 우산을 챙겨야 하는 번거로움도 있지만, 한여름의 무더위를 잠시 잊게 해주는 고마움도 있다.

매년 이때 또 다른 폭풍전야가 있다. 바로 공직사회의 승진 철이다. 정기 인사는 일 년 중 6월과 12월 두 번 심사를 통해 한 직급씩 올라간다. 후보에 오른 대상자들은 겉으로는 평화로워 보이지만, 내면은 온갖 신경전이 오고 간다. 발표 이전은 잔잔하고 고요함 속에 깊은 긴장감이 맴도는 전쟁터 같다. 승진이 뭐라고 말이다.

3년 전 지인의 소개로 명리 상담받았던 40대 초반의 여성이 지난주 재차 방문하였다. 그 당시 기억에 경자년 이후 승진이 가능하다고 말했던 기억이 났다. 그는 기해년에도 승진되지 않아 불안하고 답답한 마음에 찾아온 것이다.

그녀는 대학 졸업을 앞두고 9급 지방공무원 공개채용 시험에 합격하고 다음 해 3월 동사무소에 초임 발령을 받아 근무하였다. 같은 해 가을 7급 공개채용 시험도 합격한 그는 시청으로 발령받아 근무를 시작하였다. 그리고 약 15년의 공직생활 동안 주요 업무를 성실히 수행하고, 직원들과도 유대관계가 좋다고 말하였다. 그러나 지난 2019년 상반기 승진 인사에 입사 동기가 먼저 5급 승진을 하면서 자신의 존재감에 대하여 생각하게 되었다고 말하였다.

사실 그보다 힘든 것은 며칠 전 예비 승진심사에서 누락되었다는 소식을 듣고 며칠 동안 잠을 설쳤다고 말했다. 상담이 끝날 무렵 눈가에 눈물이 촉촉이 젖어있는 것을 보니 나의 마음도 안타까웠다. 그가 일어나면서 전직을 할까 고민 중이라고 말하며 돌아갔다.

그녀는 소설과 동지 사이에 있는 대설(大雪)에 태어났다. 이때 일 년 중 눈이 가장 많이 내린다는 절기로 농부들에게 있어서는 일 년을 마무리하고 새해를 맞이할 준비를 하는 농한기다. 공직사회나 일반 직장인들도 한 해 동안 추진한 사업 평가와 예산을 마무리하고 다음 해 업무를 준비한다.

그녀는 한겨울의 땅이 얼고 물이 어는 음월(陰月)에 태어났다. 즉 일양(一陽)이 시작되는 때이다. 또한, 월지 주변은 음토(陰土) 지지(地支)가 자리 잡고 있어 습한 환경을 조성하고 있으나, 다행히 월간에 양화(陽火)가 떠 있어 따스한 기운을 갖는다. 그렇다고 한여름 태양처럼 강렬하지는 않다. 그의 사주 자화상은 도장에 손잡이는 없고 인(印)자만 새겨져 있었다. 그래서일까 매번 승진자 명부에 오르지만, 최종적으로 승진되지 않았다. 상담실을 나서며 고개 떨구고 힘없이 돌아서는 그녀의 뒷모습이 지금도 아련하다.

초조한 기다림은 괴로움이지만 느긋한 기다림은 즐거움이라는 어느 시인의 시 구절처럼 좋은 마음으로 기다리면 가까운 시기에 손잡이 달린 도장의 물상이 들어올 것이다. 그럼 그녀가 그토록 바라는 것을 얻지 않을까 싶다.

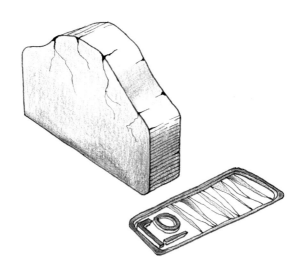

그녀의 도장은 크고 무게감이 있게 보였다. 그러나 손잡이가 부러져 잡을 수가 없었다.

52. 오로지 승진, 관운

직장생활을 하면서 한정된 시간을 쪼개 지방으로 강의를 다니다 보니 가끔 '인생은 뭐고 사는 게 뭘까?'라는 생각이 들었다.

그때마다 차창 밖에 펼쳐진 계절의 변화를 감응하며 마음을 달랬다. 강의를 끝마치고 돌아오는 길에 오랫동안 못 뵈었던 대학 선배를 만나 담소를 나누었다. 잠시였지만 인생의 해답을 찾는 좋은 시간이었다.

출입문에는 "쪽지 보시면 꼭 연락해 주세요."라고 메모가 적혀 있었다.

다음 날 오후 2시 정각, 다부진 체격과 짧은 머리 스타일의 50대 중반으로 보이는 남성이 들어왔다. 그의 행동과 말투에서 무뚝뚝하고 권위적인 느낌을 받았다.

그는 의자에 앉기도 전에 자신의 사주를 테이블 위에 펼쳐놓았다.

내담자는 20대 초반 행정고시에 합격한 후 공직생활 내내 중앙부처 주요 요직을 거쳐 고위직까지 올라갔다.

그리고 얼마 남지 않은 공직생활에서 자신이 바라는 것을 얻을 수 있을지 궁금해서 찾아온 것이다. 그는 상담하면서 지금보다 더 높은 자리에 대한 욕망을 품고 있었고 집념도 무척 강했다.

다 자란 나무는 멈추지 않고 더욱 높이 솟아오르려고 온갖 힘을 다했다.

그는 봄이 시작하는 입춘(立春) 절기에 태어났다. 이 시기는 만물이 생성하는 때이다. 그래서일까 그의 사주 자화상은 맑고 푸르른 봄 하늘에 닿을 듯 굵고 곧게 뻗어 올라가는 제너럴 셔먼트리 같았다. 거기에 햇살까지 비쳐 웅장하고 위엄까지 갖추었다.

그가 태어난 월지(月支)는 양목(陽木)이다. 주변 화오행과 수오행은 목오행이 힘차게 뻗어 올라가는 데 밑거름이 되었다. 그래서 일지 편관은 더욱 권위적이고 출세욕이 강하게 작용하였다.

반면 일주의 자의 형상은 금목상쟁(金木相爭, 금이 목을 극하는 원리)으로 날카로운 칼날 위에서 화초가 자라나는 형상이다. 신경이 예민하고 민감하며 배타적인 성격은 월지 겁재(왕)로 중화되어 진취적이고 적극적으로 보완되어 고위직 공무원까지 올랐다.

그는 오로지 자신의 출세만 관심 있었다.

안타깝게도 자신의 다정다감하고 착한 심성을 타인에게 보여주지 못했다. 그래서일까 그의 생활은 풍요로웠지만, 삶에 여유가 없어 보였다.

우울 그리고 불안

평소 알고 지내던 지인으로부터 산후우울증을 겪고 있는 30대 초반의 여성을 의뢰받은 적 있다. 그녀는 출산 이후 우울증으로 일상생활을 전혀 하지 못했다. 그리고 오랜 기간 집에서 나오지 않았다.

우울은 생물학적으로 호르몬 변화, 심리·사회적으로 사회활동 결여, 자녀 양육 스트레스, 신체적 변화 등 복합적으로 연관되어 나타난다.

하지만 마음의 감기라고 불리는 만큼 자신도 모르게 다가온다. 그리고 원인을 알 수 없어 치료법 역시 명확하지 않다.

내담자의 위축된 마음을 찾기 위해 의식과 무의식의 세계를 탐색하고, 결여된 원인을 찾아 도움을 주었다. 그렇다고 불안해진 마음을 완전히 해결되지는 않았다.

우울은 슬픈 감정, 좌절감, 자기 비난, 사회적 위축 등 심리적으로 힘든 정서가 계속되는 상태를 말하며, 불안은 당장이라도 위험한 일이 발생할 것 같거나 쫓기는 느낌 등 초조하고 부정적인 정서를 나타냈다. 또한, 현재보다 과거나 미래에 대한 불안감으로 현실 적응에 어려움을 겪고 있었다. 이처럼 우울과 불안은 개인의 성별, 연령, 환경에 따라 차이가 있다. 간혹 비슷한 상황이라도 누군가는 극단적인 선택을 한다.

이들의 심리상태를 음양오행의 원리를 적용하여 연구한 결과 계절 변화에 따라 주기적으로 흐름을 타는 '계절성 우울증'의 이론과 여성의 월경 전후 증상과 유사했다.

즉 봄철의 일조량과 기온 변화, 여름철의 더위, 겨울철 햇빛의 양과 일조 시간의 부족, 여성의 월경 시기에 호르몬의 영향 등이 마음과 몸에 변화를 끼치는 것처럼 명리의 원리도 계절 변화에 따라 운명에 영향을 주었다. 이 같은 심리적·신체적 변화되는 원인을 '사주 호르몬'이라고도 명명(命名)했다.

사실 우울하고 불안한 감정은 현재의 자기보다 상처받았던 과거에 머물러 있거나 경험해 보지 못한 미래를 걱정하는 마음이 크다. 따라서 자기 이해과정을 통해 건강한 감정 에너지를 만들면 우울하고 불안한 마음으로부터 자유로워질 것이다.

53. 붉게 변하는 얼굴(적면공포증, 赤面恐怖症)[5]

오늘은 종강 날이다. 명리와 심리를 주제로 15주 동안 서울을 오가며 강의했던 순간들이 눈앞에 그려졌다. 늘 쉬는 시간이나 수업이 끝나면 학생들은 자신의 명리와 심리 연관성에 관하여 물어오곤 했다.

강의를 마치고 아쉬운 마음으로 강의실을 나오는데 한 여학생이 뒤쫓아 나와 감사 인사를 했다. 학기 내내 맨 앞줄에 앉아 열정적으로 질문하던 학생이다.

그녀는 수업 시간에 눈이 마주치거나 질문을 하면 얼굴이 붉게 변하여 양손으로 가리곤 했다. 그녀의 붉은 얼굴은 적면공포증(赤面恐怖症)으로 상담을 통해 원인을 알게 되었다.

그녀가 초등학교 3학년 무렵 정리해고 당한 아버지는 매일 술을 마시고 상습적으로 가족을 폭행했다. 이런 일들이 매일 반복되면서 그녀와 어머니는 마음 졸이며 불안한 생활을 하였고 타인의 시선에 예민하게 반응하였다. 그래서일까 누군가의 시선이 느껴지는 순간 묵직한 두려움과 함께 얼굴이 화끈거리게 되었다.

---

5) 적면공포증: 공포증은 특정한 대상이나 행동, 상황에 부닥쳤을 때 비현실적으로 나타나는 불안 증세를 극복하지 못할 때 나타나는 장애이며, 적면공포증은 이런 이유로 공공장소나 사회 또는 어떤 사람과의 접촉할 때, 누군가 주시하는 개방된 상태일 때 얼굴이 붉어지는 상태를 말한다.

그녀의 일간은 음수(陰水)이며, 봄을 알리는 입춘의 계절에 태어났다.

일간 음수(陰水)는 주변의 변화에 민감하며 대처능력이 뛰어나다. 즉 유연하게 대응하는 능력의 성향을 보여준다.

반면 태어난 월지(月支)는 양목(陽木)으로 나무를 타고 올라가는 수목 상관격[6]이다. 지혜와 덕을 겸비하며, 순리와 원칙을 준수한다. 자칫 자신이 정한 기준에 맞지 않으면 따지는 성향이다.

그녀의 경우 태어난 달의 양목(陽木)이 대운과 세운의 같은 양목(陽木) 오행과 더해지면서 더욱 강한 기세를 내뿜었다. 그 기세를 제어할 수 없게 되어 역으로 자신의 일간(日干)이 약해지는 형국이었다.

그러나 그녀는 양목(陽木)이 강한 계절에 부친으로부터 상처받은 마음을 순리와 원칙을 기준으로 말로 표출하지 못하고, 반대로 자신의 마음 깊은 곳으로 담아둔 것이다.

불안한 마음을 안으로 숨겨놓은 소녀는 안타깝게도 특수한 상황이 되면 얼굴로 그 불안함을 신호 보냈다.

불안감은 어쩌면 평생 안고 가야 할 그녀의 숙제일지 모른다. 상처로 인해 생긴 감정으로 더욱 자신의 상태를 인지하고 솔직한 감정을 타인에게 명확히 전달하는 연습이 필요하다.

또한, 타인의 시선을 의식하지 말고 억제된 감정을 노출시키는 노력과 경험이 필요하다.

....

6) 수목상관격(水木傷官格) : 수(水)의 일주가 월지(月支) 목(木)의 격(格)을 갖춘 말

꽃 뿌리를 병 속에 담아 땅에 묻었다. 뿌리는 토지에 자유롭게 뻗지 못하여 꽃잎과 같은 색으로 붉게 변했다.

54. 한겨울에 멈춘 마음

오늘은 절기상 가을의 문턱에 들어선다는 입추(立秋)이다. 그러나 연일 38도를 웃도는 찜통 무더위가 수그러들 기색을 보이지 않고 있다.

오후 3시경, 다른 지역 상담센터로부터 소개받은 40대 여성 내담자가 방문하였다. 첫인상이 무척이나 힘들고, 외롭고, 아프고, 지쳐 보였다.

그는 대학 졸업 후 바로 결혼하여 자녀 한 명을 출산하였다. 그리고 전업주부 생활 11년 차 되던 해 갑작스럽게 배우자를 잃었다. 어린 자녀 양육과 생계유지를 위해 생활 전선에 뛰어들었으나, 얼마 되지 않아 교통사고로 몇 번의 수술을 하였다. 이로 인한 스트레스는 두려움과 불안 증상을 키웠고 현재는 공황장애로 약을 먹고 있다.

심리검사 결과 우울과 불안이 심각한 상태였다. 가장 큰 원인은 배우자 부재로 인해 자녀 양육과 생활비 걱정이었다. 그리고 행동검사 결과 자신의 주장보다 타인의 의견을 존중하는 성향이었다. 거기에 의존적이고 순응하는 특성으로서 배우자가 없는 공간의 가장으로서 가족을 부양해야 한다는 부담감이 더더욱 컸다.

이런 이유로 새로운 이성을 만나 재혼하여 심리적 안정감을 찾고 싶다고 말했다.

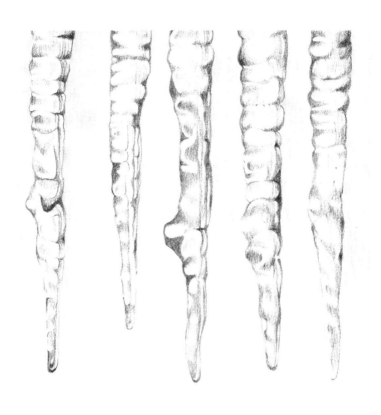

한겨울 응달진 처마 밑에 주렁주렁 매달린 고드름처럼 그녀의 마음과
몸도 꽁꽁 얼어 있었다.

그녀가 태어난 일간은 양금(陽金)오행이며, 일지는 음화(陰火)이다. 즉 철광석이 용광로에 의해 녹아 새로운 물질을 탄생하는 물상이다. 그래서 새로운 것을 잘 받아들이며 능수능란하게 처세를 잘한다. 또한, 직장생활에서는 리더십을 발휘한다.

그러나 태어난 절기는 일 년 중 눈이 가장 많이 내린다는 대설(大雪)이다. 여기에 년주와 월주의 수오행은 양금(陽金)대운을 맞이하면서 더욱 강한 음기(陰氣)를 조성하였다. 어쩌면 대설 절기에 소한(小寒)과 대한(大寒)의 혹독하고 매서운 한파가 동시에 작용하게 된 셈이다.

이런 이유로 그녀의 일지(日支) 화오행은 만물을 녹이지 못하고 움츠러들고 말았다.

이런 그녀에게도 얼마 있으면 양목(陽木)대운을 맞이할 것이다. 그러면 그동안 웅크리고 있던 만물들이 서서히 녹아내려 새로운 물질을 탄생시킬 것이다. 그렇다고 마냥 때를 기다리기보다는 여행이나 운동을 통해 일상에서 쌓인 스트레스를 해소하여 부정적인 감정을 자연스럽게 받아들이면 좋지 않을까 싶다.

55. 무너진 계절, 직장생활

"선생님, 지난해 상담받은 적 있는데 오늘 가능할까요?"라는 문자를 받았다. 작년 7월경 상담했던 내담자였다.

그녀는 서울에서 대학을 졸업하고 4년간 취직이 안 되어 29세 때 바다가 인접한 고향으로 내려왔다. 그리고 올해 3월에 취업하였고 남자친구도 소개받아 결혼을 전제로 사귀고 있다. 그런 그녀가 상담을 신청한 이유는 직장 내 상사로 인한 스트레스 때문이다.

그녀는 생애 첫 직장에 입사하여 남들보다 성실히 근무하였다. 그러나 같은 부서 직장 상사는 동료들의 작은 실수를 트집 잡아 공개적으로 구박하는 성향이었다. 얼마 전 직장 상사는 자신이 보고한 문서에 오타를 발견하고 그 이후부터 다른 사소한 것도 트집을 잡았다.

이런 일들이 반복되면서 스트레스가 쌓이게 되어 식사를 거르게 되었다. 최근에는 매일 눈물이 흐르고 깊게 잠들지 못해 밤을 지새우는 등 하루하루가 고통스럽다고 말했다.

심리검사 결과 인지적으로 자기 자신을 비난하며, 정서적으로 실패감과 죄책감이 높았다. 또한, 스트레스로 인한 불안감은 신체적으로 체중 감소와 식욕 상실, 피로감이 동반하였다.

그녀는 하늘이 맑게 개고 만물의 생기가 왕성해지며 봄 농사를 준비하는 청명(淸明) 절기에 태어났다. 그리고 태어난 일간은 음목(陰木)이다. 마치 바람 부는 봄날 꽃밭에 양들이 풀을 뜯어 먹는 형국이다. 그래서 부드럽고 온순하며 강하지 않고 평화롭게 보인다. 그러나 그녀의 일주는 수기(水氣)가 없고 화기(火氣)가 강하여 바짝 마른 황량한 풀밭이다. 그래서 사회생활이 쉽지 않은 형국이다.

게다가 대운에 건조한 양토오행(陽土五行)의 기세가 더해져 봄날의 습한 땅을 덮어버리는 형국이다. 즉 봄날의 화초는 건조한 토양에 의해 가지와 잎사귀가 말라 바람에 의해 바스락거렸다.

이처럼 그녀의 일간 주변에 토오행이 넘치도록 많아 일상생활은 황량한 대지처럼 느끼고 있다. 그리고 가족과 결혼상대자가 가까이 있어도 늘 외롭고 공허함을 느낄 것이다.

이럴 때 수목(水木) 오행으로 중화시켜야 한다. 그렇다고 마냥 기다리는 것보다 일간과 토오행(土五行)의 관계를 통해 자신의 환경을 살펴보고, 심리적으로 삶의 문제를 의연하게 받아들여야 할 것이다. 또한, 직장 상사로 받은 스트레스를 차곡차곡 쌓지 말고 그때그때 적절하게 표현하는 노력이 필요할 것이다.

그녀는 만물이 생성하는 봄의 환절기에 태어났다. 그러나 계절이 다른 건조한 토양이 들어와 충돌하면서 일상생활에 심리적 변화를 가져왔다.

자퇴와 가출

1974년 초등학교 4학년, 그림을 그리기 시작했다. 70년대는 그림 그리는 사람을 가난한 화가나 초라한 환쟁이로 보았다.

고등학교 1학년 때는 성명학과 당사주 등 동양철학에 관심을 두게 되었다. 이 또한 시대적 영향으로 사회적 인식은 좋지 않았다.

이런 이유로 나의 청소년기는 부모님과의 갈등이 무척 심했다. 결혼하여 자녀를 양육하면서 그 마음을 느낄 수 있었다.

청소년은 9세부터 24세 이하이며, 신체적 성장과 함께 심리적으로 불안정한 때이다. 그래서 반항심이 강한 사춘기 자녀를 양육하는 부모들은 마치 뜨거운 태양과 모래바람이 부는 사막을 횡단하는 것에 비유한다.

2019년 교육 기본통계를 살펴보면, 2018년 학업을 중단한 초중고 학생은 52,539명(0.9%)이었다. 또한, 11년 동안 청소년 자살률이 가장 높다. 이는 입시제도 탓도 있지만, 부모의 이혼과 가정불화, 친구와 갈등으로 전학 또는 자퇴하였다.

과거 청소년을 대상으로 사주감명은 흔치 않았다. 그러나 최근 들어 적성과 성격 등에 대한 상담이 점차 증가하고 있다.

이들을 대상으로 사주감명 할 때 첫째 연령 기준을 알아야 한다. 연주(年柱)는 1세부터 18세까지로 아동과 소년 시기, 월주(月柱)는 18세부터 35세 사이로 청년 시기다.

다음 일간을 중심으로 타인과의 관계성을 살핀다. 연주와 월주 부모 형제, 친구 관계를 살핀다. 일지(日支)는 가까운 친구와의 관계, 시주(時柱)는 후배나 그 외 관계를 살핀다.

또한, 일주와 격국(용신)을 통해 적성과 진로를 감명한다. 그 외 대운과 세운, 충과 합 등 신살론도 적용하여 분석한다.

청소년기는 심리적으로 불안정하고 행동도 자연스럽지 않다. 이런 이유로 타인과 관계가 순조롭지 못하여 괴롭힘을 당하거나 가해자가 되기도 한다. 사주의 운(運)도 중요하지만, 무엇보다 부모와 가정, 학교 등 모두의 관심이 필요한 때이다.

56. 14세의 험난한 외출

저녁 무렵 불어오는 가을바람을 피해 인파를 헤치며 급하게 지하철에 올라탔다. 그리고 좌석에 앉았다. 맞은편에 서 있는 20대 중반의 여성을 바라보니 작년 이맘때쯤 상담했던 내담자가 생각났다.

명리학과 심리학을 통합하여 상담하면서 인생에 굴곡이 심한 내담자를 만나는 횟수가 늘어났다. 이런 날은 감정이 이입되어 혼자 가슴앓이를 하며 며칠 밤을 지새운 적이 많다. 이 내담자도 그중에 한 명이었다.

그녀는 7살 무렵 부친의 사망으로 편모슬하에서 자랐고 두 모녀가 함께 생활하였지만, 어머니는 다정하지도 그렇다고 평범하지도 않았다. 늘 습관적으로 하나뿐인 딸에게 폭언과 폭행을 일삼았다. 이를 참지 못한 그녀는 중학교 1학년 때 홧김에 가출하였다. 시기적으로 14세가 되는 양수(陽水) 대운을 맞이하며 가출했다. 그 이후 10여 년이 흘렀다.

그녀는 대부분 주점과 다방에서 생활하였고, 매일 밤 술을 가까이하면서 몸무게가 20kg 이상 늘었다고 말했다.

그녀는 상담을 받으면서 우울·불안은 점차 좋아졌지만, 간혹 지울 수 없는 파란만장했던 과거의 일이 떠오를 때마다 감정조절을 하지 못했다.

그녀는 가출 후 생계비 마련을 위해 온갖 일들을 경험하면서 사회와 타인을 믿지 못하였고, 이런 이유로 자기만의 세계에 갇히게 되었다. 이로 인해 모친에 대한 사랑과 미움, 친구와는 친근하면서 적대감을 느끼는 상반된 양가감정이 깊어졌다.

그녀가 태어난 일간은 음화(陰火)이며, 일 년 중에서 가장 춥다는 소한(小寒) 절기에 태어났다. 사주의 나머지 지지(地支) 역시 차갑고 습한 토(土)오행으로 마치 한겨울 꽁꽁 얼어붙은 자갈밭에 한 송이 꽃이 다시 피지 못하고 다른 곳으로 날아가는 형상이다.

일간 음화(陰火)는 차가운 기운과 함께 더욱 빛을 발하지 못하고 어둠 속에서 자제력과 통제력을 상실하였다.

6주간의 심리상담이 끝날 무렵, 그녀가 "박사님 저는 언제쯤 마음 편히 살 수 있을까요?"라고 질문을 하였다.

자신이 그동안 경험했던 삶 중에서 좋은 추억만 간직하라고 말했다.

얼마 후 어머님이 계신 서울 인근 집으로 돌아간다는 문자를 받았다.

그녀는 20대 중반 양화(陽火) 대운을 맞이하면서 한겨울 동안 웅크리고 있던 꽃봉오리가 따스한 봄기운에 활짝 피어날 것이다.

이때 상처받았던 아픈 마음도 스스로 아물지 않을까 싶다.

어린 꽃은 한겨울 꽁꽁 얼어붙은 자갈밭에 뿌리를 내리지 못했다. 꽃은
그 자리에 피지 못하고 다른 곳으로 날아갔다.

57. 전학과 자퇴

지난 7일 겨울이 시작된다는 입동(立冬) 절기였다. 나는 교통사고 이후 사계절을 맞이할 때마다 감정이 예민해져 밤을 지새웠다. 이처럼 계절 변화를 느낄 때 산책로를 걸으며 스스로 감정을 조절하였다. 오늘도 공원을 걷고 있는데 "내일 오전 9시 방문해도 괜찮을까요?"라는 문자를 받았다. 얼마 전 자녀의 학교 부적응으로 잠시 통화했던 어머니였다.

다음날 왜소한 체격의 중년여성이 자신과 똑 닮은 10대 아들과 약속한 시각에 상담실을 방문하였다. 그녀는 앉자마자 결혼 이후 힘들었던 심정을 토로하였다. 아들을 출산하고 얼마 있다 남편은 다니던 회사가 부도나 실직하였고 가족의 생계유지를 위해 건설 현장으로 뛰어들었다. 남편은 갑작스러운 이직으로 마음을 달래려고 술을 마시기 시작하였다. 이를 이해하려고 했지만, 시간이 흐를수록 급여 대부분을 술값으로 탕진하였고, 가정에는 생활비를 한 푼도 보태주지 않았다. 그리고 이를 말리는 자신과 자녀에게 폭언하고 구타하였다. 그 이후 남편과 대화가 단절되었다.

그리고 남편이 근무하는 건설 현장이 바뀔 때마다 이사와 함께 자녀는 전학도 매번 하였다. 그래서 친한 친구와 멀어졌고 새로 옮긴 학교에서 극심한 집단 따돌림을 당해 결국 고등학교 2학년 자퇴하였다. 그녀는 잠깐 말을 잇지 못했다. 어쩌면 자신보다 하나뿐인 자녀의 미래가 걱정되었을 것이다. 그리고 자녀 사주감명과 심리분석을 하였다. 자녀는 부친과 불안정 애착을 보였고, 학교와 또래에게 받은 상처로 경직된 감정을 보였다. 즉 '나는 나, 너는 너'식의 개인감정은 타인과 거리감을 느끼게 되었고, 이로 인해 의사소통이 원활하지 않았다. 다행히 모친과는 안정적 애착 관계를 유지하고 있었다.

자녀는 한겨울에 얼어붙은 시냇물도 녹아 흐른다는 경칩(驚蟄) 절기에 태어났다. 그리고 일간 양화(陽火)는 태양처럼 밝은 빛을 발하는 오행으로 월지의 목(木)오행에 영향을 받아 더욱 강한 빛을 밝혔다. 분명 따사로운 봄볕에 연푸른 새싹들이 여기저기 돋아 오르는 모습 같았다. 덧붙여 연녹색 잎사귀의 가는 줄기가 투명하게 보이는 것처럼 속마음을 감추기보다 사소한 것도 숨김없이 말하는 성향이다.

그러나 다른 간지(干支)는 반대 계절의 음토(陰土)가 강하게 자리 잡고 있었다. 거기에 축토(丑土) 대운을 맞이하면서 따스한 봄날은 멈추고 차갑게 불어온 한파에 어린 새싹들이 꽁꽁 얼어버렸다. 그래서일까 자녀는 불안하고 긴장하여 작은 일에도 쉽게 화를 내며 과잉행동을 보였다. 여기에 잦은 이사, 부친의 음주와 폭언은 청소년기를 겪고 있는 자녀에게 전혀 도움을 주지 못했다. 이런 가정환경은 학교생활과 교우 관계까지 파장을 주었고 결국 학교를 떠나 버렸다.

몇 주간 상담을 마무리하고 문을 나서는 모자의 뒷모습을 보니 한결 밝고 가벼워 보였다. 자녀의 20대 초반 대운은 변화된다. 자녀가 상담하면서 우리 가족도 다른 가족처럼 함께 행복하게 살고 싶다는 꿈과 희망을 이때면 이루어지지 않을까 싶다.

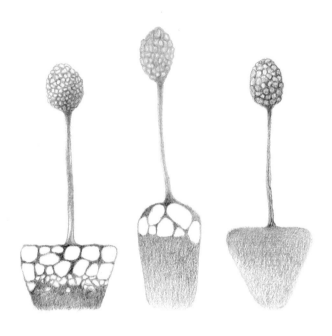

봄날 불어 닥친 매서운 한파로 여러 차례 새싹을 옮겨 심었지만, 결국 뿌리를 내리지 못했다.

58. 또 다른 따돌림과 회피

학부 시절 그림을 전공하면서 심리에 관심을 두게 되었다. 자연스럽게 석사과정은 미술 심리를 선택하였다. 그리고 명리학을 통합하여 연구할 무렵 알게 된 선생님으로부터 연락을 받았다. 상담 의뢰 중이던 학생이 자퇴하였다는 이야기다.

그녀는 학교 내 따돌림[7]을 겪고 있었다.

고등학교 2학년 상반기까지 학업성적은 최상위권이었다. 그러나 남자 친구를 만나면서 책을 멀리하였다. 그 결과 2학기 기말고사 성적이 떨어져 공부하려고 해도 잘 안 되었다. 이런 이유로 마음은 조급하고 예민해졌다.

그리고 가깝게 지내던 학우들에게 자신의 스트레스를 표출하였다. 또한, 사소한 것에 꼬투리 잡아 짜증과 화를 냈다. 이런 일들이 반복되면서 친구들로부터 따돌림을 받게 되었다. 결국, 친구 관계가 엉망이 된 학생은 겨울방학에 자퇴하였다.

---

7) 노르웨이의 심리학자 Olweus는 한 학생이 한 명 또는 그 이상의 다른 학생들로부터 반복적이고 지속해서 부정적인 행동을 당하는 것을 따돌림이라고 말했다. 유사한 의미로 '왕따, 은따, 전따, 반따'라고 말한다. 이때 가해 학생은 공격적이고 충동적이며 자신의 행동에 합리성을 부여하면서 피해 학생에 대한 죄책감을 느끼지 않는다.
이와 반대로 피해 학생은 조용하고 민감하며, 자존감이 낮아 스스로 자신을 비하하는 학생도 있지만, 고집이 세고 공격적이며 너무 잘난 척하는 경우도 있다.

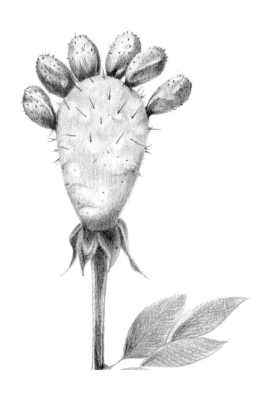

여학생의 붉은 장미꽃은 환경에 의해 선인장으로 변하면서 가시가 돋아났다.

학생의 HTP(집-나무-사람), 동적가족화, KSD(동적학교생활화), TAT(주제통각검사) 등 검사자료를 살펴보니 외적으로는 자존감이 높아 보였으나, 내적으로 위축되어 자신감이 부족했다.

안타깝게도 자신은 힘들었지만, 자존심이 강하여 친구나 주변 사람들에게 부탁하지 못하였다. 결국, 자신의 문제를 스스로 해결할 수 없었던 그녀는 모든 것을 포기하고 자퇴하였다.

여학생은 보리를 베고 논에 모내기하는 가장 바쁜 시기인 망종(亡種) 절기에 태어났다. 일간은 음화(陰火)오행으로 겉모습은 조용하고 차분해 보였지만, 이와 반대로 내면은 감정을 조절하지 못하고 순간적으로 발산하는 형국이다. 또한, 다른 지지와 대운 역시 양화(陽火)오행으로 복잡한 감정을 억제하기보다 있는 그대로 표출하였다.

학생은 평소 성실하고 자기관리와 규범을 중요시하는 관인(官印)의 마음을 갖고 있었다. 이때 상관운을 맞이하면서 평정심을 잃어버린 것이다.

인생의 명(命)

사람(人命)의 수명은 재천(在天)인가, 재아(在我)인가? 수동적 운명론과 적극적 운명론에 대한 의견은 분분하다.

통계청 자료에 80세 이상 사망자가 1990년 45,037명(18.6%), 2000년 63,123명(25.3%), 2010년 85,501명(33.4%), 2019년 138,602명(46.9%)이다. 또한, 2019년 사망원인으로 3위 폐렴과 9위 알츠하이머병은 인구 고령화에 따른 사망 순이다. 이는 운명보다 의학발달로 수명이 연장되고 있음을 알 수 있다.

반면 2019년 사망원인 순위 5위가 고의적 자해(자살)이다. 자살 사망자 수는 1만3천799명으로 특히 10대부터 30대가 가장 높았고 40부터 50대가 다음으로 높았다. 인구 10만 명당 26.8명으로 OECD 국가 중 자살률 1위이다. 다른 국가보다 자살 사망자가 높다는 것은 개인의 문제로만 몰기보다 사회도 책임이 있다고 볼 수 있다.

자살의 주요 원인은 정신적인 우울증, 생물학적인 가족력, 사회·경제적 다양한 부분으로 얽혀있다. 이들을 대상으로 시행한 심리 부검 결과 80~90%가 우울증 환자로 판명되었다.

필자가 수년간 자살시도자를 상담한 결과, 주요 특징으로 우울 검사에서 '인지적 증상'이 높았다. 즉 타인을 원망하기보다 자기 자신을 비난하였다. 또한, 행동분석결과 완벽주의자가 다른 유형에 비해 다소 높았다. 이 유형은 어떤 일이건 쉽게 받아들이고 이해하기보다 매사 신중하고 치밀하였으며, 자신을 분석하고 비판적 사고를 가졌다.

명리에 접목하여 분석한 결과 일간을 극(剋)하는 시기에 극단적인 감정을 표출하였다. 특히 고의적 자해의 경우 사건·사고가 발생하는 시기와 개인의 감정 변화가 혼탁해지는 시기에 시도하였다.

분명 고의적 자해의 동기는 삶에 대한 상실과 좌절일 것이다. '수인사대천명(修人事待天命)'이라는 말처럼 사람으로서 해야 할 일에 최선을 다하고 하늘이 정한 결과를 기다리는 것은 어떨까 싶다.

59. 청년의 극단적 선택

4월 20일 곡우(穀雨) 절기인 오늘, 이로운 봄비가 내리는 것을 보니 모든 들녘에 윤택한 기운을 불어넣을 것 같다.

오후 2시경 상담을 예약했던 50대 중반 여성이 방문하였다. 그녀의 얼굴색은 창백하고 표정은 굳어 있었다. 작년에 소중한 아들의 갑작스러운 죽음으로 힘든 심정을 털어놓고자 상담을 신청한 것이다.

그녀는 결혼 초 남편과 사별하고 아들을 지극정성 양육하였다. 자녀는 모친의 정성에 보답하듯 열심히 공부하여 서울 명문대 문과에 합격하였다. 그러나 자녀가 2학년 1학기 무렵 회사에서 퇴근하고 집에 오는 길에 아들이 죽었다는 소식을 받았다. 죄송하다는 유언장만 남기고 말이다.

자녀는 음화음수(陰火陰水) 일주에 태어났다. 밤하늘의 별빛이 연못에 비친 모습처럼 빛나는 물상(物像)이다. 또한, 일지의 지장간(戊甲壬)은 관인상생(官印相生)으로 예의 바르며 정해진 규칙을 잘 따른다. 그래서 학생은 학업에 빛을 발하며 직장인은 명예를 중요하게 생각한다.

한편, 일주는 물 위에 촛불을 켜놓은 현상으로도 본다. 이 경우 겉모습은 밝아 보이지만 내면은 차분하고 소심하다. 그래서 자신의 고민을 타인에게 말하기보다 스스로 마음속 깊이 담아놓는 성향이다.

그의 지장간(戊甲壬)은 무토 오행이 절(絶)에 놓여 있다. 여기에 대운과 세운에 양토(陽土)오행이 들어오면서 신약해진 자녀는 안타깝게도 자신의 위축된 감정을 스스로에게 공격한 것이다.

토오행 대운을 맞이하면서 거대한 제방(土五行)이 그가 추구하던 꿈과
이상을 막아 버렸다.

60. 반복적 시도

"무서웠어요."

학생은 의자에 앉은 채로 주먹을 쥐었다 폈다. 내리깐 커다란 눈동자는 불안감이 가득 차 있었다.

담임 선생님의 권유로 상담을 받은 고등학교 2학년 여학생, 그녀는 중학교 1학년 때부터 이유 없이 참을 수 없는 자해 충동과 시도로 괴로웠다며 그동안 기억나는 크고 작은 사건들을 상세하게 말했다.

아동용 우울척도(CDI) 검사 결과 '심한 우울' 상태였다. 주요 원인은 일상생활에 흥미를 갖지 못하며 감정조절이 되지 않았다. 또한, 행동 유형 검사 결과 자기주장이 강하고 공격적인 행동을 보였다.

학생은 사춘기를 맞이하면서 자신의 욕구 충족을 위해 타협보다는 자신의 의도대로 되지 않으면 화를 내거나 독단적으로 행동하였다. 이 같은 일들을 지속적으로 반복하면서 학우들과 점차 멀어지게 되었고, 지금은 홀로 지내고 있었다.

그녀는 기온이 떨어져 찬 이슬이 맺히는 한로(寒露) 절기에 태어났다. 일주는 양목양토(陽木陽土)이다. 이날 태어난 사람은 청룡백호라 하여 자존심과 고집이 세 타인과 화합하기 어렵다. 그리고 다른 간지는 화와 금 오행으로 마치 하얀 콘크리트 위에 꽃을 피웠다.

꽃은 단단한 콘크리트에 뿌리를 내리지 못했다. 이로 인해 초조하고 불안한 마음에 꽃이 필 무렵 스스로 꺾었다.

더욱이 자녀가 중학교 1학년 무렵 부모는 성격 차이로 별거 중에 있었다. 이로 인해 부모의 관심에서 점차 멀어진 여학생은 불안정한 가정환경에 엎친 데 덮친 격으로 일간을 극하는 운을 맞이하면서 신경은 더욱 예민해졌고 타인에게 심한 적대감을 갖게 되었다. 이에 대한 분노를 자기의 신체에 공격적 충동으로 표출한 것이다.

61. 배우자의 사별

엄마와 딸 두 여성이 방문하였다. 이들은 친구처럼 다정해 보였다.

모친은 가정형편이 어려워 대학 진학을 포기하고 직장생활을 시작하였다. 20대 중반 친한 친구가 소개해준 남자와 6개월 연애 후 결혼하여 예쁜 딸을 출산하였다. 그러나 다음 해 남편은 불의의 교통사고로 사망했다.

몇 년 후 친척의 소개로 재혼하여 두 명의 자녀를 출산하였다. 그녀는 세 명의 자녀를 양육하며 직장생활이 곤란하여 퇴사하였다. 그리고 작은 분식점을 운영하였다.

어느덧 사별한 남편 사이에서 낳은 첫딸이 결혼을 앞두고는 자신과 똑같은 팔자일까 하는 두려움에 방문한 것이다.

모친은 곡우와 소만 사이의 여름이 시작된다는 입하(立夏) 절기에 태어났고, 일주는 음금음수(陰金陰水)이다. 이 경우 자신의 주장이 연약해 보이지만, 내면은 야무지고 날카로우며 완벽함을 추구한다. 또한, 자신이 좋아하는 것은 꼭 이루는 성향이다.

그러나 그녀의 관성(官星)은 절·태라서 타인의 의견을 잘 듣지 않으며 간섭도 받지 않으려고 한다. 관성(官星)이 절·태면 남편과 문제가 생기거나 이별의 확률이 높다고 본다.

안타깝게도 배우자가 사망한 해는 일간의 합(合)과 일지의 충(沖)·파(破)·해(害)가 가중되어 그녀의 인생에 큰 영향을 주었다. 그녀는 토(土) 대운을 맞이하면서 가정은 점차 안정을 찾았다. 다행히 큰딸의 일지는 정관(록좌)으로 주변의 간지의 생조를 받아 안정적인 운명이다.

밀려오는 강물에 설 자리를 잃었던 그녀는 토오행(土五行) 대운을 맞이
하면서 안정된 보금자리를 얻게 되었다.

인생은 변화하는 계절

'우리 인생의 속도는 몇일까?', '운명은 어떤 방향으로 흐를까?'

영화〈초속 5cm〉는 첫사랑 이야기다. 남녀 주인공은 사랑과 헤어짐, 그리고 방황과 애절함을 담은 영화이다. 이 둘은 학창 시절을 함께 보내며 마음을 주고받았지만 갑작스러운 이사로 멀어지게 되었고 이후 한 번 만남은 있었지만 결국 헤어져 각자의 길을 갔다.

가수 에일리가 SNS에 올린 글이 회자 되고 있다. 그녀의 말마따나 뉴욕은 캘리포니아보다 3시간 빠르지만, 그렇다고 캘리포니아가 뒤처진 것은 아니라고 말이다. 또한, 어떤 사람은 25세에 CEO가 되어 50세에 사망하고 어떤 사람은 50세에 CEO가 되어 90세까지 산다. 오바마는 55세에 은퇴했으나 트럼프는 70세에 시작했다. 그녀의 말처럼 세상의 모든 사람은 자신의 시간대에서 일하고 있다.

명리학에서도 운명을 분리하여 감명한다. 명(命)은 타고난 여덟 글자로 선천적이고 운(運)은 후천적이다. 즉 운은 대운(大運) 10년 간격, 세운(世運)은 1년 간격으로 바뀐다.

그래서 사주를 감명할 때 대운과 세운의 변화되는 흐름을 살펴본다. 사계절이 춘하추동(春夏秋冬)으로 흘러가는지 아니면 한 계절에 멈춰있거나 거꾸로 흐르는지 따진다.

　이처럼 인생은 속도와 방향에 따라 결정된다. 더불어 공간과 관점도 함께 작용한다.

62. 거꾸로 가는 계절

머칠 전 지인한테 연락이 왔다. 남편에 대한 고민이었다. 그녀는 두 명의 딸을 둔 가정주부이며 배우자는 명문대학교 공과대학을 졸업하고 대기업이 아닌 중소기업을 선택하여 직장생활을 시작하였다. 17년 동안 열심히 근무하여 부사장까지 올라갔지만 40대 중반에 자진 퇴사하였다.

남편은 6개월 후 다른 지방에 있는 회사로 이직하였으나, 경영난 문제로 2년 후 퇴사하고 재취업 준비하고 있다. 그녀는 배우자가 본인 능력과 성품, 그동안의 노력에 비해 합당한 보상을 받지 못한다는 생각에 답답함을 토로했다.

배우자가 태어난 달(月)은 일 년 중 가장 추운 소한(小寒) 절기이다. 이때 낮의 길이가 점차 길어지지만, 대륙의 차가운 고기압 영향으로 추위가 강하게 몰려오는 때이다. 또한, 태어난 일주는 음금음수(陰金陰水)의 영향으로 다정다감하고 진취적이다. 그러나 소심한 면도 있다.

20대 중반 화오행(木火五行) 대운을 맞이하였다. 마치 겨우내 언 들녘에 따스한 봄 햇살이 비추면서 모든 만물이 푸르게 활짝 피어나는 형국이다. 그래서 일지 재성과 지장간 관성은 안정된 직장생활에 도움을 주어 40대 초반 부사장까지 올랐다. 그리고 남을 배려하는 마음도 달랐다.

하지만 40대 중반 금토 대운이 들어서면서 그의 겨울은 봄으로 흐르지 않고 가을로 흘렀다. 마치 시계가 반대로 흐르는 것처럼 말이다.

그래서 정적이었던 그의 삶은 동적인 환경으로 변화가 온 것이다. 계절은 흐른다. 얼마 있으면 예전의 따스한 봄날을 맞이할 것이다.

그의 시계는 겨울에서 가을, 그리고 여름에서 봄으로 계절이 거꾸로 돌
아갔다.

63. 찬 서리 내린 밀밭

　나는 누구인가. 타자(他者)들은 자신의 존재 이유와 가치를 찾기 위해 '나' 스스로 질문을 던지며 자기만의 시각으로 내면세계를 둘러본다. 보통은 일상생활의 경험을 통해 자신을 탐색하지만, 음악가는 선율로, 화가는 그림을 그리며 자신의 정신세계를 찾는다.

　그 예로, 프랑스 후기인상파 화가 폴 고갱은 「우리는 어디에서 와서 어디로 가는가」라는 작품을 통해 인간의 탄생과 삶, 죽음을 표현하였다. 또한, 네덜란드 출신의 화가 빈센트 반 고흐가 마지막으로 그린 「까마귀가 나는 밀밭」은 검은 까마귀, 세 갈래로 뻗은 밀밭 길 전경과 검푸른 하늘에 떠 있는 시커먼 먹구름은 불안정한 심리를 암시하고 있다.

　얼마 전 개명을 위해 30대 후반 여성이 방문하였다. 그녀의 사주는 마치 고흐의 작품을 연상케 하였다.

　그녀는 대학 시각디자인학과에 입학하던 날 어린 시절부터 함께 살아온 부친(父親)이 의부(義父)라는 사실을 알게 됐다. 과거 상습적으로 학대를 당했던 기억을 되새기며 충격을 받고 가출하면서 대학도 자퇴하였다. 그리고 같은 해 동갑 남성과 결혼했지만, 몇 개월 후 이혼하였다.

찬 서리 맞은 어린 밀은 얼어버려 바람에 전혀 움직이지 않고 꼿꼿하게
서 있었다.

그녀는 생계유지를 위해 일을 가리지 않고 열심히 살았다. 하지만 한국에 있는 것에 답답함과 불안감을 느꼈던 그녀는 외국으로 나갔다. 몇 년이 흘렀을까. 타국에서 만난 한국인 남성과 동거를 하였고 그의 권유로 자신 명의로 사업을 시작하였다. 그러나 사업은 실패하였고 몇 년 동안 수감생활을 하였다. 출소하던 날 자신의 정체성을 알고 싶어 찾아온 것이다.

그녀는 입하(立夏) 절기에 태어났다. 완연한 봄기운은 점차 퇴색하고 여름이 시작되는 시기이다. 논에는 한참 자라는 어린 모 잎 사이사이로 잡초가 무성하고 개구리와 해충이 어우러져 무척 부산한 풍경이다.

한편 그녀의 일간(日干)과 태어난 월지(月支) 양토(陽土)는 금오행(金五行)으로 둘러싸였다. 마치 농촌 들녘 밀밭에 찬 서리가 내린 풍경 같았다. 하늘은 회색빛 구름으로 가득 차 있고, 푸르른 밀밭은 하얀 살얼음을 입혀 놓은 듯 바람에 흔들림 없이 꼿꼿하게 서 있었다.

또한, 밀밭 길 주변 풀과 나무 등 자연 만물은 이런 살기(殺氣)에 고개를 숙여 우울한 분위기를 연출하였다. 안타깝게도 시주(時柱)에 자리한 화오행(火五行)의 밝은 불빛은 주변 환경에 가려져 빛을 발하지 못했다.

며칠 후 그녀에게 연락이 왔다. 현재 있는 곳에서 벗어나야 할 것 같다고 한숨을 내쉬며 전화를 끊었다.

64. 메마른 넝쿨나무

내담자의 사주를 펼쳐놓는 순간 속상함과 답답함이 몰려왔다. 나도 모르게 마음속 깊은 곳에서 화가 치밀어 올라왔다.

그의 사주에서 2018년 5월 개봉한 영화 독전(毒戰, 독한전쟁)의 서영락(류준열)의 삶을 엿보는 듯했다. 내담자가 굳이 말을 하지 않아도 말이다. 우여곡절(迂餘曲折) 한 삶이 느껴졌지만, 그의 인생을 진심으로 듣고 싶었다.

영화에서 주인공 락은 두 감정을 보여주고 있다. 부모를 잃은 힘든 시련 속에서도 라이카라는 진돗개를 통해 따뜻한 인간애를 보여주었다면, 또 다른 李 선생은 평소 정장에 와이셔츠와 넥타이를 갖춰 입고 다닌다. 마치 규범과 질서를 지키는 이들처럼 말이다.

그러나 그는 잔인하고 무자비함을 그대로 보여주고 있다. 어쩌면 락은 부모의 밀항과 죽음을 통해 정신적으로 상처받은 자아(自我)가 왜곡되어 반사회성 성격장애를 갖게 되었을 것이다.

내게 찾아온 40대 중반의 내담자 역시 삶은 그야말로 파란만장했다.

그는 9월 기온이 이슬점 이하로 내려가 풀잎이나 물상에 이슬이 맺히는 완연한 가을인 백로 절기 음금월(陰金月)에 태어났다. 일간을 극하는 관살이 무척 강했다.

그는 유아기에 부모가 이혼하면서 다른 가정으로 입양되었으며 초등학교 3학년 보육원으로 입소 되었다. 그는 부모도 형제도 전혀 모르는 혈혈단신(孑孑單身)이었다.

그는 불안정한 마음을 다스리려고 운동을 선택했다. 타고난 체력이 남달라서일까 다양하게 운동 기술을 빠르게 습득하였다. 운동을 시작하면서 같은 또래 학우들과 크고 작은 사건에 연루되었다. 얼마 후 피의자로 구속되어 고등학교 1학년 때 퇴학 조치당했다. 이후 죽을 뻔한 일들이 몇 번 경험하였다.

이랬던 그가 우여곡절 끝에 결혼하였고, 마흔이 되던 해 예쁜 딸아이를 얻었다. 어느덧 자녀가 사춘기가 되면서 자신과 비슷한 행동을 보이자 마음에 변화가 온 것이다.

자녀의 행동이 자신의 탓이라고 생각한 그는 다른 지역에서의 생활을 정리하고 집 근처 마트에서 생선가게를 운영하며 가족과 가까이 지내고 싶어 했다.

그는 수오행(水五行) 대운을 맞이하였다. 바짝 메마른 토양에 뿌리내리고 있던 넝쿨나무로 단비가 내리는 형국이다. 이 경우 자기중심적이고 이기적이었던 마음이 운(運)의 변화로 온화하고 수용적인 마음으로 작용하게 된다. 이로 인해 자신이 어릴 적 부모에게 받지 못했던 사랑을 자녀에게만큼은 듬뿍 주고 싶었을 것이다.

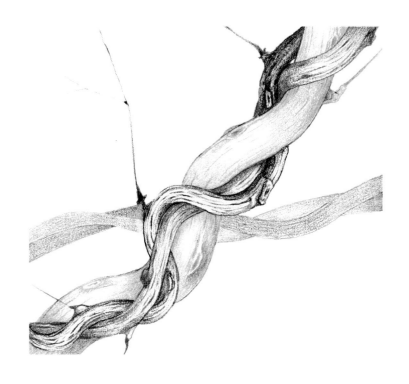

메마른 토양에 온갖 나무가 말라죽었다. 넝쿨나무는 주변에 타고 오를
나무가 없어 홀로 뒤엉켰다.

제5부 • 일련의 부호들

65. 사주 세우기

자신의 사주팔자 구조를 정확히 알려면 만세력(萬歲曆)으로 연월일시의 간지를 찾는다. 아래는 사주의 연월일시 세우기 방법이다.

건명(乾命). 양력 1997년 1월 7일 07시 28분. 소한(小寒) 1997년 1월 5일 16시 24분

시주		일주		월주		연주	
시간	丁	일간	己	월간	辛	연간	丙
시지	卯	일지	酉	월지	丑	연지	子

위 사례는 남자(건명, 乾命)이며, 연주가 양간으로 대운은 순행한다. 참고로 음간은 역행한다. 이와 반대로 여자(곤명, 坤命)는 연주가 음간일 경우 순행하며 양간은 역행한다. 또한, 사주를 표기할 때 왼쪽에서 오른쪽으로 연주·월주·일주·시주 순으로 작성한다.

❋ (연주) 세우기

1997년은 정축(丁丑)년 1월에 출생하였으나, 사주는 한 해의 시작을 입춘(양력 2월 3일~5일)을 기준으로 정한다. 따라서 위 사례는 입춘 이전 소한절로, 1996년 병자(丙子)년으로 연주를 세운다.

✳ (월주) 세우기

월주 생월의 지지(월지)는 태어난 달의 12절기의 절입일을 기준으로 정한다.

1월 입춘 인(寅)	2월 경칩 묘(卯)	3월 청명 진(辰)	4월 입하 사(巳)
5월 망종 오(午)	6월 소서 미(未)	7월 입추 신(申)	8월 백로 유(酉)
9월 한로 술(戌)	10월 입동 해(亥)	11월 대설 자(子)	12월 소한 축(丑)

따라서 월지는 (양력) 1997년 1월 7일생, 소한(小寒) 절기로 축월(丑月)이다. 태어난 달의 월간(천간)은 연간의 오행을 생하는 오행 중에서 양간부터 시작하며, 자세한 것은 생월간 조견표를 참고하기 바란다.

참고로 이러한 천간(월간)은 오행상생법의 원리이다.

갑기(甲己)	을경(乙庚)	병신(丙辛)	무계(戊癸)	정임(丁壬)
토(土)	금(金)	수(水)	화(火)	목(木)

대운은 생월 간지의 절기로 정한다.

순행운은 태어난 날부터 다음 절기(24절기)까지의 날짜(일수)를 3으로 나누어 '몫'의 숫자로 대운수를 정한다. 여기서 3으로 나누어 남은 숫자가 '0' 또는 '1' 이면 버리고, 나머지가 숫자 '2'의 경우 '몫'의 숫자에 '1'을 더한다. 또한, 역행운은 태어난 날부터 이전(지나간) 절기까지의 날짜(일수)를 계산한다.

✽ (일주) 세우기

태어난 날의 일주는 만세력을 보고 그대로 기록한다.

✽ (시주) 세우기

태어난 시지는 12개로 구분된 시지를 기록하면 되지만, 시간은 일간으로 결정된다. 즉 일간의 합과 극의 작용으로 형성된다. 갑기(甲己) 일간은 갑자(甲子) 시로 시작되고, 을경(乙庚) 일간은 병자(丙子) 시로 시작되며, 병신(丙辛) 일간은 무자(戊子) 시로 시작한다.

또한, 정임(丁壬) 일간은 경자(庚子) 시로 시작되고, 무계(戊癸) 일간은 임자(壬子) 시로 시작한다. 따라서 기토(己土) 일간은 자시(23:30~01:30)가 갑자로 시작함으로, 위 예시자의 태어난 시간이 07시 28분이니 정묘(丁卯) 시주가 된다.

66. 사주를 감명하는 순서

사주를 오랜 기간 학습하거나 감명하면 자신만의 관법을 갖춘다. 하지만 처음 접하면 무엇부터 시작하는지 어려움을 겪게 된다. 아래 순서에 따라 감명하면 도움이 될 것이다.

· 성별, 생년월일시의 양력과 음력을 알아보고 만세력으로 찾는다.

· 간지로 구성된 여덟 글자를 추출하여 음양과 오행을 본다.

· 일간(日干)의 강·약·왕·쇠를 살핀다. 이때 일지의 지장간과 12운성을 살핀다.

· 월지(月支)와 지장간을 보고 격국(格局)을 정한 다음 용신·희신·기신을 살핀다.

· 월지(月地)의 절기(節氣)와 사주 전체의 기후(氣候)를 살펴본다.

· 오행의 상생과 상극 관계를 보고 부족함과 과함을 살펴 가며 중화(中和)를 살핀다. 십성(十星)의 관계를 보고 통변한다.

· 여덟 글자와 지장간, 대운 등 형·충·합·회를 본다.

· 대운(大運). 년운(年運). 월운(月運)을 통해 운의 흐름을 살핀다.

이렇게 사주를 세워서 순서에 의해 살펴보고 통변법을 통해 상담한다.

간혹 사주의 기본 원리인 음양과 오행의 이치를 충분히 터득하지 않고 성급한 마음으로 상담하게 되면 한갓 말장난에 불과할 것이다. 그리고 자신만의 단순하면서 명료한 관법을 갖추어야 한다.

67. 사주의 구성 및 천간 합

✳ 사주의 구성

사주	나무	대상	기간	인생
연주 (해의 기둥)	뿌리 (根)	조부모, 부모, 조상, 가문	1년	전생
월주 (달의 기둥)	싹 (苗)	부모, 형제, 친가, 친정	1달	과거
일주 (날의 기둥)	꽃 (花)	자신, 배우자	1일	현재
시주 (때의 기둥)	열매 (實)	자녀, 자손	2시간	내세

✳ 천간의 합

천간음양 (天干陰陽)	갑기 (甲己)	을경 (乙庚)	병신 (丙辛)	정임 (丁壬)	무계 (戊癸)
합화오행 (合化五行)	土 (戊·己)	金 (庚·辛)	水 (壬·癸)	木 (甲·乙)	火 (丙·丁)
기본형성수 (基本形成數)	水 一　六	火 二　七	木 三　八	金 四　九	土 五　十
의미	진실	동정	강제	음탕	무정

68. 십성(천간) 조견표

일간	비견	겁재	식신	상관	편재	정재	편관	정관	편인	정인
甲	甲	乙	丙	丁	戊	己	庚	辛	壬	癸
乙	乙	甲	丁	丙	己	戊	辛	庚	癸	壬
丙	丙	丁	戊	己	庚	辛	壬	癸	甲	乙
丁	丁	丙	己	戊	辛	庚	癸	壬	乙	甲
戊	戊	己	庚	辛	壬	癸	甲	乙	丙	丁
己	己	戊	辛	庚	癸	壬	乙	甲	丁	丙
庚	庚	辛	壬	癸	甲	乙	丙	丁	戊	己
辛	辛	庚	癸	壬	乙	甲	丁	丙	己	戊
壬	壬	癸	甲	乙	丙	丁	戊	己	庚	辛
癸	癸	壬	乙	甲	丁	丙	己	戊	辛	庚

69. 십성(지지) 조성표

일간	비견	겁재	식신	상관	편재	정재	편관	정관	편인	정인
甲	寅	卯	巳	午	辰戌	丑未	申	酉	亥	子
乙	卯	寅	午	巳	丑未	辰戌	酉	申	子	亥
丙	巳	午	辰戌	丑未	申	酉	亥	子	寅	卯
丁	午	巳	丑未	辰戌	酉	申	子	亥	卯	寅
戊	辰戌	丑未	申	酉	亥	子	寅	卯	巳	午
己	丑未	辰戌	酉	申	子	亥	卯	寅	午	巳
庚	申	酉	亥	子	寅	卯	巳	午	辰戌	丑未
辛	酉	申	子	亥	卯	寅	午	巳	丑未	辰戌
壬	亥	子	寅	卯	巳	午	辰戌	丑未	申	酉
癸	子	亥	卯	寅	午	巳	丑未	辰戌	酉	申

70. 십성의 육친관계

※ 십성(육친) 남명

정인	생모, 백모, 외손녀, 이모, 외숙
편인	편모(계모, 유모, 서모), 조부, 외숙, 숙모
비견	친구, 형제, 동서
겁재	친구, 형제, 자부, 딸의 시부, 누나
식신	조모, 장모, 사위, 증조부, 외숙모, 손자
상관	조모, 사위, 손녀, 생질, 외숙모
정관	딸, 증조부, 질, 질녀, 매부
편관	아들, 고조부, 매부
정재	처, 고모, 숙부, 처제, 처남
편재	아버지, 백부, 처남, 외삼촌, 첩

※ 십성(육친) 여명

정인	어머니, 사위, 백모, 손자
편인	편모, 조부, 사위, 손녀
비견	형제자매, 친구, 시부, 시숙, 시아버지
겁재	형제자매, 친구, 시부, 시숙, 시고모, 동서
식신	딸, 조모, 시누이남편
상관	아들, 딸의 시부
정관	남편, 시동생, 시누이, 시숙, 여동생남편
편관	작은남편, 애인, 시동생, 시누이, 자부
정재	고모, 숙부
편재	아버지, 시어머니, 백부

71. 12운성 조견표

일간	甲	乙	丙戊	丁己	庚	辛	壬	癸	신살
절	申	酉	亥	子	寅	卯	巳	午	겁살
태	酉	申	子	亥	卯	寅	午	巳	재살
양	戌	未	丑	戌	辰	丑	未	辰	천살
장생	亥	午	寅	酉	巳	子	申	卯	지살
목욕	子	巳	卯	申	午	亥	酉	寅	연살 (도화)
관대	丑	辰	辰	未	未	戌	戌	丑	월살 (고초)
건록	寅	卯	巳	午	申	酉	亥	子	망신살
제왕	卯	寅	午	巳	酉	申	子	亥	장성살
쇠	辰	丑	未	辰	戌	未	丑	戌	반안살
병	巳	子	申	卯	亥	午	寅	酉	역마살
사	午	亥	酉	寅	子	巳	卯	申	육해살
묘	未	戌	戌	丑	丑	辰	辰	未	화개살

甲子(갑자)	갑신(甲申)	甲辰(갑진)
乙丑(을축)	乙酉(을유)	乙巳(을사)
丙寅(병인)	丙戌(병술)	丙午(병오)
丁卯(정묘)	丁亥(정해)	丁未(정미)
戊辰(무진)	戊子(무자)	戊申(무신)
己巳(기사)	己丑(기축)	己酉(기유)
庚午(경오)	庚寅(경인)	庚戌(경술)
辛未(신미)	辛卯(신묘)	辛亥(신해)
壬申(임신)	壬辰(임진)	壬子(임자)
癸酉(계유)	癸巳(계사)	癸丑(계축)
甲戌(갑술)	甲午(갑오)	甲寅(갑인)
乙亥(을해)	乙未(을미)	乙卯(을묘)
丙子(병자)	丙申(병신)	丙辰(병진)
丁丑(정축)	丁酉(정유)	丁巳(정사)
戊寅(무인)	戊戌(무술)	戊午(무오)
己卯(기묘)	己亥(기해)	己未(기미)
庚辰(경진)	庚子(경자)	庚申(경신)
辛巳(신사)	辛丑(신축)	辛酉(신유)
壬午(임오)	壬寅(임인)	壬戌(임술)
癸未(계미)	癸卯(계묘)	癸亥(계해)

73. 생월간 조견표

절입일	음월	년간				
		甲 己	乙 庚	丙 辛	丁 壬	戊 癸
입춘	1	丙寅	戊寅	庚寅	壬寅	甲寅
경칩	2	丁卯	己卯	辛卯	癸卯	乙卯
청명	3	戊辰	庚辰	壬辰	甲辰	丙辰
입하	4	己巳	辛巳	癸巳	乙巳	丁巳
망종	5	庚午	壬午	甲午	丙午	戊午
소서	6	辛未	癸未	乙未	丁未	己未
입추	7	壬申	甲申	丙申	戊申	庚申
백로	8	癸酉	乙酉	丁酉	己酉	辛酉
한로	9	甲戌	丙戌	戊戌	庚戌	壬戌
입동	10	乙亥	丁亥	己亥	辛亥	癸亥
대설	11	丙子	戊子	庚子	壬子	甲子
소설	12	丁丑	己丑	辛丑	癸丑	乙丑

74. 생시간 조견표

시간		일간				
		甲己	乙庚	丙辛	丁壬	戊癸
23:30~ 01:30	子	甲子	丙子	戊子	庚子	壬子
01:30~ 03:30	丑	乙丑	丁丑	己丑	辛丑	癸丑
03:30~ 05:30	寅	丙寅	戊寅	庚寅	壬寅	甲寅
05:30~ 07:30	卯	丁卯	己卯	辛卯	癸卯	乙卯
07:30~ 09:30	辰	戊辰	庚辰	壬辰	甲辰	丙辰
09:30~ 11:30	巳	己巳	辛巳	癸巳	乙巳	丁巳
11:30~ 13:30	午	庚午	壬午	甲午	丙午	戊午
13:30~ 15:30	未	辛未	癸未	乙未	丁未	己未
15:30~ 17:30	申	壬申	甲申	丙申	戊申	庚申
17:30~ 19:30	酉	癸酉	乙酉	丁酉	己酉	辛酉
19:30~ 21:30	戌	甲戌	丙戌	戊戌	庚戌	壬戌
21:30~ 23:30	亥	乙亥	丁亥	己亥	辛亥	癸亥

참고자료

———

강경계 『프로이트 정신분석학 이야기』, 해냄

권석만 『현대이상심리학』, 학지사

구경회 『적천수강해』, 동학사

김교헌 외 2인 『성격심리학』, 학지사

김기승 『명리학정론』, 다산글방

김동완 『사주명리학』, 동학사

김태련 외 15인, 『발달심리학』, 학지사

김수길·윤상철 『五行大義』, 대유학당

김일권 『역사민속학』, 한국민속학회

남창환 『사주명리학개론』, 좋은땅

노안여 『상담심리학의 이론과 실제』, 학지사

단건업(박병규 역) 『맹파명리』, 선문문화사

로버트 새폴스키, 이재담·이지윤 옮김 『STRESS』, ㈜사이언스북스

민성길 『최신정신의학』, 일조각

박기성·김성호 『음양오행통변보감』, 남산당

박영창·이승전『명리특강』, 성보사

박주현『음양오행』, 동학사

박헌규『주희의 이기론』

백영관『사주정설』, 명문당

성백효『주역전의 상·하』, 전통문화연구회

신육천『천고비전 사주감정법비결집』, 갑을당

심효첨『서락오 평주』(박영창 역)『자평진전평주』, 청학출판사

안성재『명리진학정보론』, 갑을당

안태옥『자평명리학』, 좋은땅

엄태문『궁통보감』, 주민출판사

육치극(김연재 옮김), 『명리학의 이해』, 사회평론

이무석『정신분석에로의 초대』, 이유

　　　『친밀함, 비전과 리더십』

　　　『환자와의 대화』, 이유

이은성『역법의 원리분석』, 정음사

이학성『물상활용비법』, 삼한

임호찬『심리검사의 종류와 활용』, 서현사

송지성 외 1인『명리학 바로보기』, 충남대학교출판부

정대붕『현대명리학』, 한알

정여주『미술치료의 이해』, 학지사

原典類『老子』,『論語』,『詩經』,『孟子』,『白虎通』,『史記』,『三命通會』,『說文解字』,『五行大義』,『淵海子平評註』,『禮記』,『子平粹言』,『周易傳義大全』,『周易』,『淮南子』,『滴天髓』,『太玄經』,『漢書』

그 외 「네이버사전」, 「다음사전」, 「두산백과」, 「위키백과」

사주명리로
스물일곱 가지 심리를 그리다

펴 낸 날 2021년 5월 24일
2 쇄 펴 낸 날 2024년 9월 9일

지 은 이 김형일
펴 낸 이 이기성
편집팀장 이윤숙
기획편집 윤가영, 이지희, 서해주
표지디자인 윤가영
책임마케팅 강보현, 김성욱
펴 낸 곳 도서출판 생각나눔
출판등록 제 2018-000288호
주   소 경기도 고양시 덕양구 청초로 66, 덕은리버워크 B동 1708, 1709호
전   화 02-325-5100
팩   스 02-325-5101
홈페이지 www.생각나눔.kr
이 메 일 bookmain@think-book.com

• 책값은 표지 뒷면에 표기되어 있습니다.
  ISBN 979-11-7048-244-4 03180)